CHANGE
YOUR MIND
ÜBER TOXISCHE GEDANKEN EMOTIONEN & NEUE FREIHEITEN

BARBARA BENZ

„Das Leben der Menschen, die auf Gott hören, gleicht dem Sonnenaufgang: Es wird heller und heller, bis es völlig Tag geworden ist."
Sprüche 4,18

IMPRESSUM

CHANGE YOUR MIND - Über toxische Gedanken,
Emotionen & neue Freiheiten
Barbara Benz

© 2021 BT MEDIA
Amselweg 2 G
CH-3400 Burgdorf

info@btmedia.ch
www.btmedia.ch
Layout & Druck: BT MEDIA

ISBN 978-3-9525353-4-9

INHALT

WIDMUNG

Ich widme dieses Buch den Menschen, die sich besser verstehen wollen. Die genug von tausend und abertausend toxischen Gedanken haben, genug von abgrundtiefem Hassen und Selbstsabotage. Solchen, die ihre Schatten im Leben deutlicher erkennen und sich nicht länger hinter fremden, größeren Schatten verstecken wollen, nur damit der eigene verschwindet.

Ein Hoch auf die Mutigen, die akzeptieren, das alles zum Menschsein dazugehört. Das Lachen wie das Weinen, das Leben wie das Sterben und dabei die Hoffnung für sich selbst und die Welt zurückerobern. Ihr seid die wahren Helden. Ihr hättet ebenso in der Nacht verweilen können, als wärt ihr der eigene Schatten. Doch ihr habt den Tag gesehen. Damit ist die Sehnsucht nach dem nächsten Morgen erwacht.

Denn ihr alle seid Kinder des Lichts und Kinder des Tages. Wir sind nicht von der Nacht noch von der Finsternis.
1. Thessalonicher 5,5

EINLEITUNG

Eine Vielzahl an Studien macht deutlich, dass bis zu 80 Prozent der physischen, emotionalen und psychischen Erkrankungen unserer Zeit, das direkte Resultat unseres toxischen Gedankenlebens sind.[1]

Diese Tatsache hat mich dazu bewegt, ein Buch über toxische Gedanken, Emotionen und den Weg in neue Freiheiten zu schreiben. Natürlich war das nicht der einzige Beweggrund, vielmehr waren es meine eigenen tausend und abertausend toxischen Gedanken und deren Auswirkungen, die mich dazu veranlasst haben.

Es gab eine lange Zeit in meinem Leben, in der ich genau das Gegenteil von dem lebte, was ich heute bin. Viele Jahre war ich ein Mensch, der toxischer nicht sein konnte. Ich habe leidenschaftlich gehasst und nicht nur mich selbst verachtet. Schlussendlich war ich sieben Jahre schwer depressiv und lief vor meinen Problemen davon, anstatt sie anzugehen. Diese toxische Schwere lag wie ein gewaltiges Gewicht über mir und drohte mich zu erdrücken.

---

[1] Vgl. „Harvard Health Publications 2014"

Es fühlte sich an, als ob mein Verstand abgekapselt von meiner Seele funktionierte. Dazu kam, dass ich am 21. Juni 2013 einen Hirnschlag erlitt, der für den „Rest" sorgte. Ich war überzeugt, das Leben ist unfair. Typisches Opferdenken, nicht wahr? Jetzt war sichtbar geworden, was ich ein Leben lang geglaubt hatte. Mein Lieblingssatz lautete „Niemand versteht mich".

Ich begriff, dass es die chronisch toxischen Gedanken waren, die mich krank machten. Doch der Hirnschlag, der einen körperlichen Knockout zur Folge hatte, riss mich aus diesem Tiefschlaf. Ich erkannte, dass hinter Gedanken grundsätzlich eine prophezeiende Dimension steckt. Diese Tatsache war revolutionär für mich. Da gab es einen Stachel in meiner Haut, der toxisches Denken förderte. Hier schloss sich der Kreis für mich. Ich wollte von Gott wissen, wann er diesen Stachel herausziehen würde und wartete auf seine Antwort (2. Korinther 12,7-9). Ich begann damit, meine Gedanken und die darauffolgenden Emotionen intensiv zu beobachten. In dieser Zeit schloss ich mich oft in einen Raum ein, um mit Gott allein zu sein, in der Hoffnung, Antworten zu erhalten.

...Ich bringe Geist in dich zurück und mache dich wieder lebendig! Ja, das verspreche ich, Gott, der Herr. Meinen Atem hauche ich dir ein, damit du wieder lebendig wirst. Daran solltst du erkennen, dass ich der HERR bin. Hesekiel 37,6

Nachdem Gott mir Antworten gegeben hatte, öffnete sich eine tiefe Hoffnung in mir, wodurch sich mein Denken zu transformieren begann. Denn der Glaube ist die einzige Ressource, welche Totes zum Leben bringt. In den folgenden Kapiteln nehme ich dich tiefer in ein „Erkennen" hinein, mit dem Wissen, dass Gott und das eigene Selbst letztlich ein Geheimnis bleiben.

Denn wir sehen jetzt mittels eines Spiegels wie im Rätsel, dann aber von Angesicht zu Angesicht; jetzt erkenne ich stückweise, dann aber werde ich erkennen, gleichwie ich erkannt bin. 1. Korinther 13,12

Die Erkenntnis darüber, wer Gott und wer der Mensch selbst ist, bleibt im „Hier und Jetzt" Stückwerk. Lass mich dir hierzu folgendes Bild malen.

Stell dir vor, die Menschheit treibt im weiten Ozean. Die vielen Körper werden von den gewaltigen Wassermassen getragen und wiegen sich vertrauensvoll in der stillen Weite. Die Sonne schmeichelt mit ihrer Wärme und wirft silbern glänzende Funken aus der Höhe herab. Gerade so, als ob der Himmel mit seinen Fingern in die Tiefen des Wassers greifen würde.

Der eine oder andere Mensch will nun den silbernen Funken folgen. Will sehen, wo sie hinführen und was sie in der Tiefe des Ozeans freilegen. Nun gibt es diejenigen, die nur mit dem Sauerstoff in ihren Lungen drei Meter tief abtauchen und glauben, tief unten gewesen zu sein und viel gesehen zu haben.

Sehr wahrscheinlich haben sie mehr gesehen als die, welche nicht abgetaucht sind.

Dann gibt es andere, die mit einer Sauerstoffflasche dreißig Meter tief abtauchen und ebenfalls meinen, tief getaucht zu sein und viel gesehen zu haben. Es ist anzunehmen, dass sie mehr gesehen haben als die, welche gar nicht oder nur drei Meter abgetaucht sind.

Schließlich taucht jemand 332,35 Meter tief und stellt damit sogar den Weltrekord im Gerätetauchen auf. Er kann sich damit rühmen, so tief wie kein anderer Mensch getaucht zu sein und mehr gesehen zu haben, als all die anderen. Unbestritten hat er mehr gesehen, doch, wenn er das Gesehene nicht bewusst in sich aufgenommen hat, ist er nicht besser dran als die, welche nicht abgetaucht sind.

An dieser Stelle möchte ich kurz erwähnen, dass es dem Menschen physiologisch unmöglich ist, als Taucher in die tiefste Tiefe der Erde abzutauchen. Er würde das Bewusstsein verlieren und seine Lungen würden platzen. Der „Marianengraben" im Pazifischen Ozean ist mit 11034 Metern offiziell der tiefste Punkt der Erde.

So unergründlich wie der Ozean, so unergründlich ist Gott und das eigene Selbst im „Hier und Jetzt".

Trotzdem wage ich einen kleinen „Tauchgang" mit dir. In den folgenden Kapiteln werde ich dich dabei unterstützen, deine Gedankenwelt in einer anderen Tiefe wahrzunehmen. In Anbetracht dessen, dass Experten der Neurowissenschaften wie Prof. Gerhard Roth der Meinung sind, dass unsere Wahrnehmung zu

99 Prozent unbewusst ist, wäre also nur 1 Prozent bewusst.[2] Halten wir uns den tiefsten Punkt der Erde vor Augen, ginge unser Tauchgang ca. 110,34 Meter in die Tiefe. Von meiner Seite darf es jedoch gerne tiefer gehen.

Ich möchte dir zeigen, wie eng deine Gedanken mit deinen Emotionen zusammenhängen und wie du ganz konkret toxische Gedankengänge unterbrichst. Du wirst einiges über deine subjektive Wirklichkeit kennenlernen und erfahren, welche Bedeutung die „Logischen (Neurologischen) Ebenen" dabei haben. Darüber hinaus wirst du meinem Gedankenrad begegnen und vermutlich der einen oder anderen toxischen Emotion. Vor allem aber wirst du über die unermessliche Tiefe des Schöpfers staunen, denn ER ist es, der heilt. Außerdem soll dich dieses Buch dabei unterstützen, dich besser verstehen und lieben zu lernen.

Ich wünsche dir, dass du das persönliche Rufen deines Schöpfers hören kannst, denn nur dann kann die Gewissheit folgen, dass du von ihm befähigt wurdest. Daraus resultiert ein Bewusstsein der Abhängigkeit. Sowie das Vertrauen in Gott und in sich selbst.

Dieses Buch wird womöglich einen Prozess in dir anstoßen, welcher in Phasen verläuft. Es kann durchaus sein, dass in einem gewissen Bereich ein „Lebensprozess" beginnt.

---

[2] Vgl. Welt Wissenschaft „Die heimliche Macht des Unbewussten" von Heike Stüvel, veröffentlicht am 23.3.2009

Solltest du auf der Reise durch deine Gedankenwelt bemerken, dass etwas in dir aufgebrochen ist, das du nicht einordnen kannst oder dich überfordert, suche dir professionelle Hilfe bei einer Fachperson. Dieses Buch ist kein Ersatz für eine Therapie und erhebt keinen Anspruch auf Vollständigkeit. Es soll lediglich ein tieferes Verständnis des eigenen Selbst sowie der Gedankenwelt fördern.

...dass der Christus durch den Glauben in euren Herzen wohne, damit ihr, in Liebe gewurzelt und gegründet, dazu fähig seid, mit allen Heiligen zu begreifen, was die Breite, die Länge, die Tiefe und die Höhe sei, und die Liebe des Christus zu erkennen, die doch alle Erkenntnis übersteigt, damit ihr erfüllt werdet bis zur ganzen Fülle Gottes.
Epheser 3,17-19

Das wünsche ich dir von ganzem Herzen.
Love Barbara

„Wie der stille See seinen dun-
klen Grund in der tiefen Quelle
hat, so hat die Liebe eines
Menschen ihren rätselhaften
Grund in Gottes Licht."
Søren Aabye Kierkegaard
Theologe & Philosoph

KAPITEL 1

MEINE WIRKLICHKEIT UND ICH DACHTE, DAS WÄRE OBJEKTIV

Wir sehen jetzt durch einen Spiegel wie im Rätsel, dann aber von Angesicht zu Angesicht; jetzt erkenne ich stückweise, dann aber werde ich erkennen, gleichwie ich erkannt bin. 1. Korinther 13,12

Es liegt eine tiefe Sehnsucht im Menschen, „erkannt" zu werden. Doch erkennt und versteht sich der Mensch selbst? Immerhin werden wir durch Paulus im Korintherbrief darauf aufmerksam gemacht, dass wir jetzt nur ein Spiegelbild sehen, das uns viele Rätsel aufgibt. Der Mensch beginnt sich selbst tiefer zu begreifen, wenn er in Beziehung zu seinen Mitmenschen steht. Am besten können wir das eigene Selbst jedoch begreifen, wenn der Mensch seinem Schöpfer gegenübersteht. Deshalb wird alles im „Hier und Jetzt" nur „Stückwerk" bleiben.

Unsere Emotionen sind für unsere Lebensqualität verantwortlich. Das liegt daran, dass der Mensch über Emotionen zum Handeln kommt. Schnelles unbewusstes Denken (von Emotionen gesteuertes Denken) wird über das limbische System verarbeitet (in der *Amygdala (Stammhirn) angesiedelt). Daniel Kahneman spricht in seinem Buch „Schnelles Denken, langsames Denken" darüber, dass der Mensch in zwei Systemen denkt. Das erste System ist das schnelle, unbewusste, emotionale Denken. Das zweite System ist das rationale Denken. Er sagt weiter, dass 95 Prozent unserer Entscheidungen nicht rational getroffen werden, sondern intuitiv und unbewusst, eben emotional.[3]

Deswegen ist es so wichtig, dass wir geheilte Emotionen haben. Bei einem Gefühl der Unsicherheit beispielsweise, entscheiden wir nicht rational, sondern emotional und laufen damit Gefahr, Fehlentscheidungen zu treffen. Deshalb ist es weise, wichtige Entscheidungen nicht in einer emotionalen Unruhe zu treffen, sondern abzuwarten, bis sich die Emotionen beruhigt haben.

---

[3] Vgl. „Schnelles Denken, langsames Denken" von Daniel Kahneman, Seite 31–53, veröffentlicht am 10.12.2012

Übung

Welche Linie ist länger?

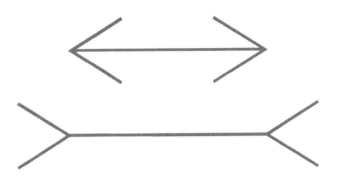

Schau dir einmal diese zwei horizontalen Linien an. Die „Pfeilspitzen" beziehungsweise „Schwanzflossen" zeigen in unterschiedliche Richtungen. Die untere Linie ist scheinbar länger als die obere und du glaubst spontan dieser Wahrnehmung. Aber wenn du dieses Bild schon einmal gesehen hast, weißt du, dass es sich um die „Müller-Lyer-Illusion" handelt. Die Linien sind gleich lang. Du kannst es gerne nachmessen.

Vielleicht hast du nachgemessen und glaubst nun eher der Messung, dass die Linien gleich lang sind, doch deine Emotionen beschäftigen sich weiter mit dieser Täuschung. Um einer Illusion wie dieser nicht zu verfallen, kannst du nur eines tun.

Lerne, der Länge von Linien zu misstrauen, wenn sie mit „Pfeilspitzen" oder „Schwanzflossen" versehen sind. Erkenne dieses illusorische Muster und erinnere dich daran, was du darüber weißt. Trotzdem wird dir eine Linie länger erscheinen.

Neben der optischen Täuschung gibt es auch im Denken eine Illusion, die „kognitive" Täuschung genannt wird. Nehmen wir an, du triffst auf eine Person, die behauptet, dass ihre bisherigen Partner für das Scheitern der Beziehungen verantwortlich waren und nicht sie selbst. Sie ist aber davon überzeugt, dass die Beziehung mit dir ganz anders sein wird. Hier solltest du aufhorchen und die „Pfeilspitzen" und „Schwanzflossen" an den Linien erkennen. Denn höchstwahrscheinlich wird die Beziehung mit dir nicht anders verlaufen. Weshalb? Der Mensch hat keine Mühe damit, die Fehler der anderen festzustellen, die eigenen aber bemerkt er nicht. Weil er grundsätzlich noch nicht erkannt hat, wo seine Verletzungen und „Schatten" liegen. Das wäre aber wichtig, damit er sein Verhalten und seine Emotionen besser versteht.

Die Sünde und die daraus resultierenden Verletzungen und *Kränkungen haben uns einen Strich durch die Rechnung gemacht. Toxische Emotionen begleiten uns und spiegeln Verletzungen in unserem Unterbewusstsein wider.

Wenn sich ein Mensch nun primär den ganzen Tag schlecht fühlt und beispielsweise Frust, Ärger, Zorn, Sorgen, Angst, Hass, Wut usw. in sich trägt, kann er nicht die Kraft des „Glücklichseins" erfahren. In dieser Kraft soll der Mensch, der mit Gott versöhnt ist und Vergebung empfangen hat, aber leben.

Nun stellt sich die Frage, wie der Mensch auf seine

Emotionen Einfluss nehmen und sie auf bewusster Ebene in eine positive Richtung lenken kann?

1. Übertragung

Die Sünde - die Bibel nennt es „der alte Mensch" - hat unsere Sicht durch Verletzungen getrübt. Diese Sicht trägt toxische Emotionen in sich und überträgt sie auf das Gegenüber.

Konkret:

Einer toxischen Emotion ist immer ein toxischer Gedanke vorausgegangen, der auf eine Verletzung in dir hinweist. Wenn du über einen Menschen oder ein Ereignis negativ denkst, dann frage dich:

- Was sehe oder höre ich bei meinem Gegenüber, was ich auch in mir erkenne? Oft ist es so: Bei dem anderen Menschen sehe ich es, aber bei mir kann ich es (noch) nicht sehen.
- Weshalb macht mich mein Gegenüber wütend, zornig, traurig, eifersüchtig usw.?
- Weshalb verurteile ich einen Menschen usw.?

Das sind Beispiele von Gefühlsübertragungen/Projektionen aus eigenen Kränkungen/Verletzungen heraus.

Wenn du einem Menschen zuhörst, wie er über Gott, die Welt oder seinen Nächsten redet, erfährst du in der Regel sehr viel über die Erfahrungen, die er in diesen Bereichen gemacht hat. Diese können positiv oder negativ sein. Die Art und Weise, wie sich eine Person hierzu äußert, gibt Aufschluss über ihr Leben und Denken.

Man kann sagen, dass wir die Welt nicht so sehen, wie sie ist. Vielmehr betrachten wir die Welt durch die Brille unserer Vergangenheit, unserer *Glaubenssätze und Prinzipien, unserer Werte, Ethik und Moralvorstellungen usw.. Diese Brille verzerrt nicht nur die Sicht auf unser Umfeld, sondern zeigt uns auch ein verfälschtes Selbstbild. Ihre Gläser sind getrübt durch die Kränkungen in unserem Leben. Paulus spricht in Römer 7,19 über den „Schatten" im Menschen. (Denn ich tue nicht das Gute, das ich will, sondern das Böse, das ich nicht will, das verübe ich.) Diesen „Schatten" in uns geben wir nicht gerne zu, übertragen ihn viel lieber auf unser Gegenüber.

Wir projizieren uns selbst in die Welt hinein. So wie du die Welt siehst, so bist du.

2. Raus aus der „Übertragungsmühle"

Wir haben im 1. Korintherbrief gelesen, dass sich der Mensch nur stückweise erkennt und begreift. Jeder Mensch hat eine eigene Wirklichkeit, die durch verschiedene Erfahrungen in seinem Leben zur persönlichen Realität geworden ist.

Wir haben herausgefunden, dass unser Blick getrübt und verzerrt ist im Hinblick auf uns selbst, unseren Nächsten, Gott und die Welt.

So viel zur Diagnose. Die daraus resultierende

Frage muss lauten: Wie kommen wir da raus?

Jetzt geht es lediglich darum, die Sinne (die Gesinnung) zu erneuern oder mit anderen Worten, das Denken des „alten" Menschen loszulassen und den Sinn zu ändern, wie es nur der erneuerte Mensch tun kann.

> *Deshalb orientiert euch nicht am Verhalten und an den Gewohnheiten dieser Welt, sondern lasst euch von Gott durch Veränderung eurer Denkweise in neue Menschen verwandeln. Dann werdet ihr wissen, was Gott von euch will: Es ist das, was gut ist und ihn freut und seinem Willen vollkommen entspricht.* Römer 12,2

Nur Gott erkennt uns ganzheitlich. Dieses „Erkanntwerden" beinhaltet gleichzeitig ein „Offenbarwerden", d.h. volle Transparenz unseres Menschseins vor Gott.

Die Transparenz bringt für Gott keine Überraschungen mit sich. Bei dem Menschen ist das jedoch anders. Gemäß dem Neurowissenschaftler Prof. Gerhard Roth läuft bei uns über 99 Prozent unbewusst ab.

Zuallererst musst du verstehen, dass unser Blick Verletzungen des „alten" Menschen auf unseren Nächsten überträgt. Diese Übertragung trägt toxische Emotionen in sich und spiegelt sich im Gegenüber wider.

Wenn dich ein Mensch kritisiert, ablehnt, verachtet oder sogar hasst, kann seine Wahrnehmung nur eine Facette deiner Persönlichkeit meinen, wenn überhaupt. Seine Verachtung dir gegenüber zeigt im Grunde nur, dass er sich selbst verachtet. Demzufolge hat seine Wahrnehmung und Reaktion mehr mit ihm, als mit dir zu tun.

Nun geht es darum, deine „Wirklichkeit" mit Gottes Wirklichkeit in Einklang zu bringen. Das ist erneuertes Denken.

Übung

· Achte bewusst auf deine toxischen Gedanken, die sich in toxischen Gefühlen zeigen wie Wut, Zorn, Trauer, Bitterkeit, Hass usw..
· Wie häufig tauchen toxische Emotionen in dir auf?
· Was wird dir dadurch klar?

„Durch Weisheit wird ein Haus gebaut und durch Verstand erhalten."

Sprüche 24,3

du fühlst, wie du denkst – du denkst, wie du fühlst

KAPITEL 2

WIE DER MENSCH DIE WELT BETRACHTET

Die Welt, in der wir leben, ist voller Licht, das hauptsächlich von der Sonne stammt. Im ganzen Universum gibt es unendlich viele Sonnen, die wir nur als Lichtpunkte wahrnehmen, da die Distanz zur Erde unvorstellbar groß ist. Licht besteht im Grunde aus den Farben des Regenbogens. Dieses Farbspektrum wird aber erst dann sichtbar, wenn das Licht mit Hilfe von einem Prisma „zerlegt" wird.

Wenn wir ins Licht blicken, sehen wir entweder die Lichtquelle selbst, oder den Gegenstand, von dem das Licht reflektiert wird.

Jesus Christus ist Licht und die ganze Schöpfung reflektiert sein Licht. Wenn Jesus Christus in uns wohnt, tragen wir sein Licht in uns und die Finsternis muss weichen.

Denn ihr alle seid Kinder des Lichtes und Kinder des Tages. Wir sind nicht von der

Nacht noch von der Finsternis.
1. Thessalonicher 5,5

Das Licht ist stärker als die Finsternis! Egal wie dunkel es um dich herum wird. Die Wahrheit ist: In dir ist Licht! Der Schatten fällt nur dort, wo ein Körper lichtundurchlässig ist. Geistlich gesprochen: Sich der Umkehr (Erneuerung) widersetzt.

Toxische Gedanken vermitteln der Seele des Menschen eine Finsternis, die sich real und kalt anfühlt. Wenn toxische Emotionen das Innenleben nach außen tragen, kann die Seele von der Wärme des Lichts nicht mehr durchdrungen werden und Schatten zeigen sich. Von diesen Schatten spricht Paulus in Römer 7,19:

Denn ich tue nicht das Gute, das ich will, sondern das Böse, das ich nicht will, das verübe ich.

Die Seele möchte diese „Schatten" oft nicht anerkennen und mystifiziert oder verdrängt sie. Mit „mystifizieren" meine ich „verschleiern oder glorifizieren", mit dem Ziel, die eigenen „Schatten" aufzuhellen. Ist der Mensch mit Gott versöhnt, wird das Licht in seinem Leben sichtbar werden, aber auch die „Schatten" des „alten Menschen" können sich noch zeigen. Hier beginnt der Kampf zwischen Geist (neuer Mensch) und Fleisch (alter Mensch), wie es Paulus beschreibt.

Durch die fünf Sinne in die Welt hinausgreifen

Mich fasziniert die Vorstellung, dass der menschliche Geist durch Sehen, Hören, Schmecken, Riechen und Fühlen in die Welt „hinausgreift" und dadurch „begreift". Durch die Sinnesorgane ist es dem Menschen möglich, seine Umgebung wahrzunehmen. Die Wahrnehmungen werden in Form von Reizen erfasst. Diese Reize werden über die Nerven in das Gehirn weitergeleitet und dort verarbeitet. Das menschliche Gehirn nimmt pro Sekunde ca. 11 Millionen *Bits (Basiseinheiten) auf, von denen aber nur 40 Bits bewusst verarbeitet werden. Nach 40 Sinneseindrücken werden sämtliche Wahrnehmungen in das Unterbewusstsein weitergeleitet.[4]

Jeder Mensch verfügt wie bereits erwähnt über fünf Sinne. Den Sehsinn, Hörsinn, Geschmackssinn, Geruchssinn und Tastsinn. Steht ein Sinnesorgan durch eine Behinderung oder einen Unfall nicht oder nicht mehr zur Verfügung, werden die anderen Sinne stärker entwickelt und sensibler für Wahrnehmungen.

Durch diese „Sensibilisierung" können wir auch die geistliche Welt intensiver wahrnehmen.

An dieser Stelle möchte ich dir anhand eines Beispiels Folgendes veranschaulichen. Der menschliche Körper trägt radioaktive Atome in sich. Wir nehmen sie über die Atmung und Nahrung auf, können sie aber

---

[4] „Die Macht der unbewussten Wahrnehmung" von Andreas Kranzmayr

mit unseren Sinnesorganen nicht wahrnehmen. Unser Organismus kann zu einem „gewissen Mass" mit Radioaktivität umgehen. Je nach Dauer, Stärke und Art der Strahlung sterben jedoch lebende Zellen ab. Langfristig kann sich das Erbgut verändern und Krebs oder eine andere Krankheit auslösen.

So wie Radioaktivität unserem Organismus schaden kann, können auch negative „Inputs" unseren fünf Sinnen schaden, ohne dass wir es sofort bemerken. Geist und Seele können zu einem „gewissen Mass" damit umgehen. Wenn jedoch Dauer und Stärke dieser negativen „Inputs" zunehmen, wird unsere gesunde, lebendige Phantasie beeinträchtigt. Das Problem dabei ist, dass die negativ geprägten Sinne, unsere Phantasie pervertieren oder zerstören.

Nur durch eine gesunde, lebendige Phantasie ist der Mensch in der Lage, geistliche Bilder und Visionen zu sehen. Das soll nicht heißen, dass wir uns völlig von der Welt abkapseln müssen, damit unsere Sinne nicht zu viel Schlechtes aufnehmen. Im Gegenteil, ich bin der Meinung, dass wir gerade da hinschauen sollten, wo niemand hinsehen will, dort hinhören, wo niemand hinhören will und mit leidenschaftlichem Herz kämpfen, wo Barmherzigkeit fehlt.

Hörsinn

[5]Durch das Gehör sind wir in der Lage, Schallwellen wahrzunehmen. Schallwellen sind Wellen, die sich in

---

[5] Vgl. „Die 5 Sinnesorgane Haut, Auge, Ohr, Nase und Mund" von Dennis Rudolph, veröffentlicht am 28.12.2017

der Luft ausbreiten. Wir können diese Wellen nicht sehen und doch sind sie da.

Die Schallausbreitung in der Luft erfolgt durch die Bewegung von Gasmolekülen, welche einen Druckunterschied weiterleiten und auf diese Weise ein Signal oder Geräusch übermitteln.

Bleiben wir bei dem Beispiel der „radioaktiven Strahlung" und deren Auswirkungen. Durch negative, destruktive sowie aggressive Worte oder Musik wird unser Hörsinn ebenso unbemerkt angegriffen und deformiert. Welche negativen Worte wurden bei dir durch Streit und Aggression bereits hervorgerufen und welche Auswirkungen hatten sie für dich und andere? Denk einmal nach.

Kannst du dir vorstellen, dass dadurch das Hören der Stimme des Heiligen Geistes oder eines Engels nicht möglich war? Und was hat es in deinem Denken ausgelöst? Dein Denken wurde vergiftet und toxische Emotionen waren die Folge. Wut, Zorn, Angst, Unsicherheit, Traurigkeit, Eifersucht, usw.. Will ich damit sagen, dass toxische Emotionen verdrängt werden müssen? Nein, sicher nicht! Im Gegenteil, sie zeigen uns, wie toxisch unser Denken tatsächlich ist. Wenn toxische Gedanken in unserem Leben an Intensität und Dichte zunehmen, wird die Seele leiden und kränkeln. Darum ist es absolut notwendig, die Gedankenwelt zu erneuern.

Man kann davon ausgehen, dass wir durch negative Worte, Geräusche oder Klänge „geistlich schwerhörig" werden und unser Denken toxisch beschweren.

Träume bringen beispielsweise zum Ausdruck, was wir über den Hörsinn aufgenommen haben. Sie geben Aufschluss über das Innenleben eines Menschen. Einerseits wird Erlebtes verarbeitet, andererseits Zukünftiges wahrgenommen (*Präkognition). Durch Träume, die sich wiederholen, beispielsweise Alpträume, versucht das Unterbewusstsein Probleme aus der Vergangenheit durch den Träumenden selbst zu lösen. Träume sind grundsätzlich Deutungen des Unterbewusstseins. C. G. Jung ist der Meinung, dass der Träumende die Lösung eines Problems bereits in sich trägt. Wiederholungsträume zeigen nicht nur das Problem, sondern auch einen Ansatz zur Lösung auf. Somit sollte bei einem Traum genauer hingeschaut werden. Vor allem sollte sich der Träumende die Emotionen im Traum merken. Kinder verfügen zunächst über eine gesunde Phantasie, solange sie nicht von erlebten, destruktiven Ereignissen deformiert wird.

Fürsorgliche Eltern haben die Pflicht, ihre Kinder nach Möglichkeit zu schützen und positiv zu prägen. Eltern sollten ihre Kinder durch liebevolle, aufbauende Worte stärken, ihre Fehler und Schwächen nicht bloßstellen, sondern an sie glauben und ermutigen. Das kann allerdings nur im Rahmen des eigenen erneuerten Denkens geschehen.

Merke:

Es geht lediglich darum, die Sinne (Gesinnung) zu erneuern oder mit anderen Worten, das toxisch geprägte Denken des „alten Menschen" loszulassen und zu denken, wie es nur der erneuerte Mensch tun kann.

Alles, was der Mensch hört, sieht, spürt, schmeckt und riecht, prägt und formt seine Gedankenwelt und damit seine Phantasie. Der erwachsene Mensch kann leichter mit „Verunreinigungen" umgehen als ein Kind. Damit meine ich, dass sich der erwachsene Mensch durch Selbstverantwortung bewusst vor Dingen, die ihm nicht gut tun, schützen kann. Alles, was wir hören, sickert über den Hörsinn in unseren Geist, Verstand und unsere Seele hinein. Deshalb wollen wir mit unseren Worten und Emotionen achtsam umgehen. Denn die Gedanken in uns treten als Emotion nach außen.

Hast du deinen Hörsinn verunreinigt? Dann habe ich hier ein Gebet für dich:

> Vater Gott, bitte vergib mir, dass ich meinen Hörsinn verunreinigt habe. Ich bitte dich Jesus, reinige diesen Sinn mit deinem kostbaren Blut, damit ich in einer Atmosphäre des Lebens sein kann. Ich entscheide mich vor der sichtbaren und unsichtbaren Welt, durch meine Worte Frieden zu stiften und zu ermutigen. Ich entscheide jetzt, mich und andere durch aufbauende Worte zu ermutigen, zu stärken und freizusetzen. Danke Jesus Christus, dass du mich dabei unterstützt und freisetzt. Ich bin bereit, mein eigenes Seufzen

und das der Menschen zu hören. Dein Wort darf frei in meinen Geist hineinsprechen. Ich bin in der Lage, deine Stimme klar zu hören. Ich will mein Denken über dich Vater, Jesus Christus und Heiliger Geist der Schrift gemäss erneuern. Ich will mein Denken mir selbst und anderen Menschen gegenüber, der Schrift gemäss erneuern. In Jesu Namen. Amen

Sehsinn

Im Auge befindet sich die Netzhaut, die aus etwa 130 Millionen Sinneszellen besteht. In der Netzhaut gibt es zwei unterschiedliche Arten von Sinneszellen: Zapfen und Stäbchen. Die Stäbchen sind sehr lichtempfindlich, können aber keine Farben unterscheiden. Die Zapfen dagegen ermöglichen das Sehen von Farben – sie funktionieren aber nur, wenn es hell genug ist. In der Dämmerung oder Dunkelheit arbeiten nur die Stäbchen, denn die Lichtmenge ist für die Wahrnehmung von Farben zu gering. Aus diesem Grunde sind wir nachts farbenblind und nehmen unsere Umwelt nur in Grautönen wahr.

Darf ich fragen, was du dir ansiehst? Ich wundere mich darüber, dass es Menschen gibt, die sich Horror- und Psychothriller anschauen. Gibt es nicht genug Schreckliches in dieser Welt? Warum setzen sich Menschen zusätzlich „fiktiven" Grausamkeiten aus?

Wir prägen unser Umfeld, in dem wir leben, auch mit dem, was wir uns ansehen. Was siehst du dir bewusst an? Bilder formen deine Gedankenwelt und damit deine Phantasie. Zerstörerische, toxische Bilder fressen deinen Glauben und stehlen deine Hoffnung. Ich bin davon überzeugt, dass dadurch von Gott gegebene Visionen verschleiert werden und unsere scharfe Sicht für geistliche Bilder, Träume und Visionen getrübt wird.

Worauf ist dein Blick gerichtet? Auf die Steine, die vor dir auf dem Weg liegen? Oder schaust du auf den Morgenstern, der sich jeden Morgen neu am Horizont zeigt und auf die aufgehende Sonne hinweist? (Der Morgenstern ist ein Symbol für das prophetische Wort der Bibel. Die Sonne steht für das Wiederkommen Jesu)

Hast du deinen Sehsinn verunreinigt? Dann habe ich hier ein Gebet für dich:

> Vater Gott, bitte vergib mir, dass ich meinen Sehsinn verunreinigt habe. Ich bitte dich, Jesus Christus, reinige du diesen Sinn mit deinem kostbaren Blut, damit ich wieder Bilder, Visionen und Träume wahrnehmen kann, die mich näher zu dir tragen und Geheimnisse offenbaren. Ich entscheide mich vor der sichtbaren und unsichtbaren Welt, meine Gedanken, Emotionen und Phantasien zu schützen, damit ich Angstgefühle und Grenzüberschreitungen rasch

einordnen und aufdecken kann. Danke Jesus Christus, dass ich durch ein erneuertes Denken eine gesunde Phantasie haben kann. Meine geistlichen Augen sollen Licht sein, so wie mein Körper Licht ist. In Jesu Namen. Amen

Dein Auge ist das Fenster deines Körpers. Ein klares Auge lässt das Licht bis in deine Seele dringen. Matthäus 6,22

Geruchssinn

Die Nase hat grundsätzlich zwei wichtige Funktionen. Zum einen können wir über die Nase atmen. Die Luft versorgt den Körper mit lebenswichtigem Sauerstoff. Zum anderen nehmen wir über die Nase Gerüche wahr. Hast du bemerkt, dass du den eigenen Körpergeruch oder dein Parfüm nicht mehr wahrnimmst, weil sich deine Nase daran gewöhnt hat, andere Menschen jedoch schon?

Vielleicht hast du gelebtes Unrecht oder Schuld über längere Zeit in deinem Leben toleriert und nicht bemerkt, dass sich der Gestank des Todes um dich herum ausgebreitet hat. Er hat dich betäubt, so dass du ihn selbst nicht mehr wahrgenommen hast. Ich glaube, dass es dem Menschen grundsätzlich schwerfällt, den göttlichen Frieden zu erleben, wenn dieser Sinn vergiftet ist.

Hast du deinen Geruchssinn verunreinigt? Dann habe ich hier ein Gebet für dich:

> Vater Gott, bitte vergib mir, dass ich meinen Geruchssinn verunreinigt habe. Ich lege diese bewusst gelebte Verfehlung wie ... ab. Ich bitte dich, Jesus Christus, reinige du diesen Sinn mit deinem kostbaren Blut, damit ich wieder in der Lage bin, den verheißenen Frieden deiner Gegenwart in Geist, Seele und Leib zu erleben. Ich bekenne vor der sichtbaren und der unsichtbaren Welt, dass mein Leben dazu beitragen soll, eine Atmosphäre des Glaubens, der Hoffnung und der Liebe in meinem Umfeld zu schaffen. Mein Leben soll an Kraft und Autorität zunehmen und ein Segen für viele sein. In Jesu Namen. Amen

Tastsinn

Die Haut ist das größte Organ des Menschen und gleichzeitig die Oberfläche des Körpers. Sie spürt Berührungen und ist in der Lage, die umgebende Temperatur wahrzunehmen. Außerdem erfolgt ein kleiner Anteil unserer Sauerstoffversorgung über die Poren der Haut. Auch der Tastsinn kann verunreinigt werden. Er speichert erlebte oder ausgeübte Gewalt wie beispielsweise Schläge, sexuelle Gewalt, körperliche Schmerzen oder Traumata. All das lässt unseren Tastsinn abstumpfen, so dass geistliche Manifestationen nicht mehr gespürt werden. Gelebte Nähe zu sich selbst, anderen Menschen und Gott wird schwieriger. Grundsätzlich wird das Wahrnehmen und Einordnen der eigenen Emotionen bei einer Verunreinigung des Tastsinns erschwert. Dies kann zu emotionaler Kälte oder Abgestumpftheit führen. In der Form, dass die eigenen Emotionen schwach oder kaum mehr wahrgenommen werden.

Wenn du zu der Erkenntnis gekommen bist, dass du deinen Tastsinn verunreinigt hast oder dass er von jemand anderem, beispielsweise durch sexuelle Gewalt, Schläge usw. verunreinigt wurde, dann habe ich hier ein Gebet für dich:

> Vater Gott, bitte vergib mir, dass ich meinen Tastsinn verunreinigt habe. Oder wenn er von jemand anderem verunreinigt wurde (z.B. durch sexuelle Gewalt, Schläge usw.) bitte ich dich, Jesus Christus, um innere Heilung meines emotionalen Empfindens. Bitte reinige mich von allem Ungerechten, das ich über meinen Körper erlebte oder erleben musste. Bitte heile und reinige diese toxischen Erinnerungen, die ich über meinen Körper erfuhr. Ich bekenne vor der sichtbaren und unsichtbaren Welt, dass ich meinen Tastsinn schützen werde. Ich bin in der Lage, Gottes Gegenwart an meinem Körper zu spüren und seine Nähe wahrzunehmen. Gleichzeitig bleibe ich sicher in mir und Gott, wenn Menschen emotional auf

mich zukommen. Denn ich weiss, ich bin in meinem Körper und in Gott geschützt. In Jesu Namen. Amen

Geschmackssinn

Über die Zunge können vier Geschmacksrichtungen unterschieden werden: süß, sauer, salzig und bitter. Viele Süchte, die der Mensch über die Zunge auslebt, verunreinigen diesen Sinn. Grundsätzlich ist zu sagen, dass Süchte alle fünf Sinne betäuben, belügen und verunreinigen, indem sie einen pervertierten „Frieden" vortäuschen.

Ich bin überzeugt, dass Verunreinigungen des Geschmackssinns durch Fressen, Saufen, Missbrauch von Medikamenten, Inhalieren oder Schlucken von schädlichen Stoffen oder schlechtes, zerstörerisches Reden, Lästern usw. negative Auswirkungen auf die Wahrnehmung der geistlichen Welt haben. Sie sind ein frontaler Angriff auf das Prophetische im Menschen und töten die schöpferischen Gedanken und Emotionen.

Hast du deinen Geschmackssinn verunreinigt? Dann habe ich hier ein Gebet für dich:

Vater Gott, bitte vergib mir, dass ich meinen Geschmacksinn verunreinigt habe. Ich bitte dich Jesus Christus, dass du mich von allen Verfehlungen, deren Ursprung meine Zunge war, reinigst. Ich bitte dich, Jesus Christus, erlöse mich von Süchten wie ... und befreie mich davon. Bitte reinige mein Herz, damit ich deine Güte durch meinen Mund glaubwürdig weitertragen kann. Ich bekenne vor der sichtbaren und unsichtbaren Welt, dass alles Zerstörerische, das ich über meinen Mund auslebte, hier und jetzt das Ende findet. Ich beende hiermit diese Selbstzerstörung und bekenne, dass ich mich selbst liebe und annehme. Herr, wecke prophetische Gedanken in mir. Ich werde meinen Mund dazu gebrauchen, Leben auszusprechen, wo immer ich hinkomme. Ich danke dir Jesus, dass ich in der Lage bin, die geistliche Welt wahrzunehmen und prophetisch Leben zu bringen. In Jesu Namen. Amen

„Doch die Gedanken der Menschen wurden verfinstert, und bis auf den heutigen Tag liegt ein Schleier über ihrem Denken. Wenn das Gesetz des alten Bundes vorgelesen wird, erkennen sie die Wahrheit nicht. Dieser Schleier kann nur durch den Glauben an Christus aufgehoben werden."
2. Korinther 3,14

KAPITEL 3

EIN KLEIN WENIG THEORIE & ÜBER DEN SINN DES LEBENS

LOGISCHE (NEUROLOGISCHE) EBENEN

	EBENE	BEZEICHNUNG	FRAGEWORTE	ERLÄUTERUNG
unbewusst	7	Sinnhaftigkeit	Wozu noch? Warum noch?	Bestimmung Berufung
	6	Zugehörigkeit	Wer noch?	Zugehörigkeit zu etwas
	5	Identität	Wer & wie?	Selbstbild
	4	Werte Glaubensansätze Filter	Wofür? Worauf achtest du? Was ist wichtig?	Entscheidungskriterien, Überzeugungen, Leitideen, Wahrnehmungsfilter & Biographie
bewusst	3	Fähigkeiten	Wie?	Von außen nicht wahrnehmbare innere Prozesse
	2	Verhalten	Was?	Von außen wahrnehmbare eigene Handlung
	1	Umfeld	Wo? Wann? Wer?	Wahrnehmbare Umwelt, Raum und Zeit

Eigene Grafik der „Logischen (Neurologischen) Ebenen" angelehnt an Robert Dilts.[6]

---

[6] Vgl. Logische (Neurologische) Ebenen nach Robert Dilts. Er selbst bezieht sich bei seinem Modell auf die logischen Ebenen des Lernens und der Veränderung von Gregory Bateson.

du fühlst, wie du denkst – du denkst, wie du fühlst

In diesem Kapitel versuche ich, dir grundlegende Erkenntnisse über die Veränderungsdynamik des Menschen zu vermitteln. Dies wird dir dabei helfen, das menschliche Denken besser zu verstehen.

Die ersten vier Ebenen werden von unserer *Ratio bewusst gesteuert und wahrgenommen. Spannend ist, dass die drei höchsten Ebenen im Unterbewusstsein liegen. Dies bedeutet, dass die Gedanken über unsere Emotionen in den Körper und anschließend nach außen dringen.

Wenn dein Denken bisher toxisch geprägt war und dir bereits hart zugesetzt hat, du aber dennoch deinen Emotionen auf den Grund gehen willst, kann es herausfordernd werden. Ich habe es für mich gewagt und Wundervolles entdeckt. Hier geht es zur ersten Ebene.

1. Ebene (bewusst Ratio gesteuert und wahrgenommen)

Bei der ersten bewussten Ebene, dem UMFELD, geht es darum, was den Menschen in seiner Kindheit geformt hat. Damit sind die natürlichen, sozialen und wirtschaftlichen Verhältnisse gemeint sowie die Menschen, mit denen er es zu tun hatte. Auch die ortsgebundenen Gegebenheiten spielen bei der Entwicklung eines Menschen eine Rolle.

Hier stellen sich Fragen wie:

- Durfte der Mensch in einem geschützten Umfeld groß werden oder fühlte er sich schutzlos?

- Hatte er ein friedvolles Zuhause oder lag ständig Streit und Spannung in der Luft?
- Gab es finanzielle Engpässe oder sogar Armut?
- Hatte er liebende Eltern und gab es Geschwister?
- Hat er unter Einsamkeit, Mobbing, Isolation oder einer Fremdplatzierung gelitten?
- Herrschte eine Atmosphäre der Annahme und Liebe oder war Gefühlskälte und Gewalt vorherrschend?
- Gab es Süchte und das damit verbundene Gefühl der Ohnmacht in der Familie?
- Gab es Unterstützung und Förderung der Begabungen und Talente oder legte man wenig Wert darauf?
- Gab es prägende, positive Erlebnisse, besonders liebevolle Zusprüche, haltgebende Rituale, Verluste vielleicht sogar Traumata?
- Gab es eine Atmosphäre des Vertrauens oder wurde Kontrolle ausgeübt usw.?

Diese Auflistung soll dir dabei helfen, über dein UMFELD nachzudenken, erhebt jedoch keinen Anspruch auf Vollständigkeit.

2. Ebene (bewusst Ratio gesteuert und wahrgenommen)

Bei der zweiten bewussten Ebene geht es darum, welches VERHALTEN sich der Mensch in seiner Kindheit abgeschaut hat. Das Verhalten ist die Gesamtheit aller beobachtbaren Zustände und Veränderungen bei Menschen, als Antwort auf innere und äußere Reize. Darunter versteht man unter anderem Bewegungen, Körperhaltungen, Worte, Handlungen sowie Geruch.

Hier stellen sich Fragen wie:

- Welches Verhalten wurde dem Menschen in seinem Umfeld als Kind vorgelebt?
- Was hat er sich abgeschaut und in sein Verhalten übernommen?
- Welche Gewohnheiten wurden gelebt?
- Welche Kommunikationskultur war üblich?
- Wie wurden Konflikte gelöst?
- Wie ist man mit Wut und Trauer umgegangen?
- Wie ist man mit Angst und Kontrolle umgegangen?
- War Konkurrenzverhalten oder Bevorzugung ein Thema?

du fühlst, wie du denkst – du denkst, wie du fühlst

Was hat der Mensch übernommen und was nicht? Was lehnt er heute vielleicht sogar entschieden ab?

Auch diese Auflistung soll dir dabei helfen, über dein VERHALTEN nachzudenken, erhebt jedoch keinen Anspruch auf Vollständigkeit.

3. Ebene (bewusst Ratio gesteuert und wahrgenommen)

Bei der dritten bewussten Ebene geht es darum, welche FÄHIGKEITEN sich der Mensch in seiner Kindheit angeeignet hat oder hätte aneignen wollen und welche Fähigkeiten bereits vorhanden waren. Unter Fähigkeit versteht man die geistige und praktische Anlage, die zu etwas befähigt. Fähigkeiten können sowohl angeboren (Begabungen), als auch erworben (Fertigkeiten) sein.

Hier stellen sich Fragen wie:

- Welche Fähigkeiten im Leben eines jungen Menschen wurden gefördert, welche gedämpft?
- Welche Fähigkeiten sind offensichtlich, welche vielleicht noch zugedeckt?
- Welche Tätigkeit bereitet besonders Freude?
- Wie kann diese Tätigkeit gelebt und weiterentwickelt werden?
- Wie schätzt der Mensch selbst seine Fähigkeiten und Begabungen ein und damit seine Möglichkeiten beziehungsweise seine Grenzen?

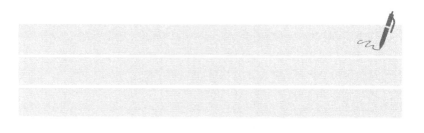

Auch diese Auflistung soll dir dabei helfen, über deine FÄHIGKEITEN UND BEGABUNGEN nachzudenken, erhebt jedoch keinen Anspruch auf Vollständigkeit.

4. Ebene (bewusst Ratio gesteuert und wahrgenommen)

Bei der vierten und letzten bewussten Ebene geht es darum, welche WERTE, moralisch und ethisch, der Mensch als gut befunden hat. Es sind spezifische Wesensmerkmale von Personen innerhalb einer Wertegemeinschaft. Aus bevorzugten Werten und Normen entstehen Denkmuster, Glaubenssätze und Handlungsmuster.

Werte sind beispielsweise Liebe, Sicherheit, Freiheit, Macht, Familie, Gemeinschaft, Erfolg, Wissen, Unabhängigkeit, Hoffnung, Frieden, Glaube, Ehrlichkeit, Gerechtigkeit, Spaß, Leichtigkeit, Selbstverwirklichung, Abenteuer, Stabilität, Kontrolle Ordnung, Struktur, Nähe, Fürsorge, Nächstenliebe, Leistung, Status, Reichtum, Freude usw.

Hier stellen sich Fragen wie:

· Welche grundlegenden Werte, moralisch und ethisch, sind für einen Menschen entscheidend?

du fühlst, wie du denkst – du denkst, wie du fühlst

- Nach welchen Entscheidungskriterien wird eine Entscheidung getroffen?
- Worauf wird geachtet, wenn es um Leitideen geht?
- Welche Werte bilden den Wahrnehmungsfilter, wonach sich der Mensch in Beziehungen, Wirtschaft, Politik, Gesellschaft, Bildung, Kunst, Medien usw. orientiert?
- Für welche Werte wird sich der Mensch einsetzen, ja sogar kämpfen? Und welche Werte sind dem Menschen egal oder empfindet er sogar als bedrohend? Diese subjektive Bewertung ist individuell und mitgeprägt durch das Umfeld, in dem der Mensch gross geworden ist.
- Welche Werte legt die eigene Biographie frei?
- Wovon ist der Mensch im tiefsten Innern ethisch und moralisch überzeugt?
- Nach welchen Werten hält der Mensch in seinem Gegenüber Ausschau?
- Welchen Wert sucht er sich im Rausch des Verliebtseins als Ergänzung im Gegenüber und an welchem Wert (womöglich an demselben Wert) wird er sich später stossen?
- Welchen Wert sucht und lebt er grundsätzlich in einer Liebesbeziehung, Elternbeziehung, Freund-schaft, Geschäftsbeziehung usw.?

Auch diese Auflistung soll dir dabei helfen, über deine WERTE nachzudenken, erhebt jedoch keinen Anspruch auf Vollständigkeit.

Wie heißen deine fünf höchsten Werte?
(Nr. 1 ist am wichtigsten für dich)

1.

2.

3.

4.

5.

Wie heißen die fünf höchsten Werte deines Partners? (Lass deinen Partner die Werte selbst benennen. Nr. 1 ist am wichtigsten für ihn/sie)

1.

2.

3.

4.

5.

Stelle die genannten Werte der Reihe nach gegenüber und du wirst rasch erkennen, welchen Herausforderungen du in deiner Ehe/Freundschaft begegnen wirst.

du fühlst, wie du denkst – du denkst, wie du fühlst

5. Ebene (unbewusst Emotionen gesteuert und wahrgenommen)

Mit der fünften Ebene tauchen wir in das Unbewusste ein. Diese Ebene ist die IDENTITÄTSEBENE. Die Autorin Gerlinde Unverzagt schreibt dazu: „Von allen Urteilen, zu denen wir im Leben kommen, ist keines so wichtig, wie das, das wir über uns selbst fällen." Mit Identität ist der Kern eines Menschen gemeint. Unabhängig davon, dass er sich verändern und unterschiedliche Rollen einnehmen kann. Die Identität eines Menschen macht ihn zu einer individuellen Persönlichkeit.

Identität ist die einzigartige Persönlichkeitsstruktur eines Menschen. Er fragt sich:

- Wer bin ich?
- Auf wen beziehe ich mich?
- Wer bezieht sich auf mich?
- Worüber definiere ich mich und was macht mich aus? Wie sehe ich mich selbst?
- Wie werde ich von meinen Mitmenschen wahrgenommen?
- Wie sieht der Schöpfer mich?
- Wie stehe ich zu meinem Körper?
- Wie stehe ich zu meinem sozialen Netzwerk?
- Was kann ich leisten?
- Welche Sicherheiten habe ich/brauche ich usw.?

Auch diese Auflistung soll dir dabei helfen, über deine IDENTITÄT nachzudenken, erhebt jedoch keinen Anspruch auf Vollständigkeit.

Das Selbstwertgefühl ist wichtig für den Menschen. Damit wir anderen Menschen selbstbewusst gegenübertreten können, stellt sich die Frage, welche Möglichkeiten wir haben, unseren Selbstwert und damit unsere Identität zu stärken.

Tipp 1:

Was kannst du tun, wenn du erkennst, dass jemand unter Minderwertigkeit und Selbstzweifel leidet?

Das Wichtigste: Liebe den Menschen bedingungslos und nimm ihn an, wie er ist! Ohne wenn und aber. Sage ihm, dass er für dich kostbar und wertvoll ist, einfach weil es ihn gibt.

Tipp 2:

Was kannst du tun, um deinen Selbstwert zu entwickeln?

- Akzeptiere dich selbst und nimm deine Schwächen und Fehler an - niemand ist perfekt. Das Selbstwertgefühl muss von innen heraus kommen und bei dir selbst beginnen.

du fühlst, wie du denkst – du denkst, wie du fühlst

- Jeder erlebt Situationen, die das Selbstwertgefühl ins Wanken bringen, z.B. durch eine Kränkung oder die Ablehnung durch einen Mitmenschen. Oftmals ist es die eigene Reaktion darauf, die frustriert. Frage dich, wie du gerne reagiert hättest? Definiere eine Antwort für dich und setze damit eine Grenze, die keiner überschreiten kann. Das verleiht dir Sicherheit.
- Unterstütze andere Menschen mit deinen Fähigkeiten oder tue etwas Gutes. Das führt dazu, dass du dich selbst gut fühlst.
- Entscheide dich, Komplimente anzunehmen und erlaube dir, glückliche Momente zu geniessen. Wer ein geringes Selbstwertgefühl hat, sucht unbewusst nach Beweisen für seine Minderwertigkeit, die er empfindet.
- Halte kleine und große Versprechen ein. Dies stärkt deinen Selbstwert.
- Traue dich, deine Meinung zu äußern. Denn deine Sichtweise ist so individuell wie du als Mensch.
- Schluss mit Selbstzweifeln und Selbstsabotage. Stehe zu dir und erkenne selbst deine Leistung an.
- Mache öfter etwas, was du liebst. Dies fördert deine innere Zufriedenheit, vor allem, wenn es mit den eigenen Wertvorstellungen übereinstimmt.
- Umgib dich mit Menschen, die nicht ständig nörgeln und schlechte Laune verbreiten.
- Dreh die Stimme des inneren Kritikers in deinem Kopf leiser. Behandle dich so, wie du einen sehr guten Freund behandeln würdest. Denn viele Menschen bringen mehr Liebe und Empathie für einen Freund auf, als für sich selbst.

du fühlst, wie du denkst – du denkst, wie du fühlst

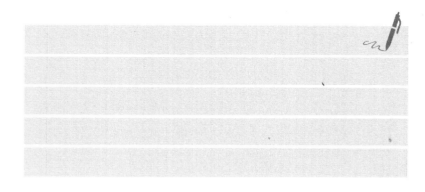

6. Ebene (unbewusst Emotionen gesteuert und wahrgenommen)

Wir kommen zur ZUGEHÖRIGKEITSEBENE. Der Mensch ist ein soziales Wesen. Sein tiefstes Bedürfnis ist es, sich innerhalb einer klar definierbaren Gruppe akzeptiert zu fühlen. Wir nennen dieses Gefühl „Zugehörigkeitsgefühl". Fühlt sich der Mensch zugehörig, erlebt er sich als gleichwertiger Partner, hat Selbstvertrauen und ist bemüht, zum Wohle der Gemeinschaft beizutragen. Wenn er sich nicht zugehörig, bzw. akzeptiert fühlt, ist es für ihn schwierig, konstruktiv zu sein und seine Lebensaufgaben befriedigend zu lösen.[7]

Hier stellen sich Fragen wie:

- Fühle ich mich in einer Gruppe eher angespannt oder fit, belastbar und aktiv?
- Interessiere ich mich dafür, wie es anderen geht? Oder ist es mir egal, weil ich denke, dass ich den anderen auch egal bin?

---

[7] Vgl. „Das Leben selbst gestalten. Mut zur Unvollkommenheit", von Theo Schoenaker, RDI-Verlag, Seiten 26–34

du fühlst, wie du denkst – du denkst, wie du fühlst

- Fühle ich mich in einer Gemeinschaft eher traurig, ängstlich, aggressiv, mutlos, dumm und alleine? Oder bin ich froh, da zu sein und der Meinung, ich bin offensichtlich okay und werde gebraucht?
- Grüble ich, ob ich wieder etwas falsch gemacht habe?
- Ist mir alles egal und will nur meine Ruhe?
- Ziehe ich mich zurück, rede kaum, habe keine eigenen Ideen, bin gereizt, schlecht gelaunt und kritisiere andere Leute?
- Bin ich hilfsbereit, kann mich gut konzentrieren, habe Interesse für andere und bin humorvoll?
- Erlebe ich die anderen abweisend, lästig, gemein, fremd und weit weg?
- Erlebe ich die anderen liebenswert, sympathisch und entgegenkommend?

Wenn das Zugehörigkeitsgefühl darüber entscheidet, ob ich glücklich oder unglücklich bin bis hin zur Sinnlosigkeit und Suizid, stellt sich die Frage, was nötig ist, um das Zugehörigkeitsgefühl zu wecken?

Tipp 1:

Was kannst du tun, wenn du siehst, dass sich eine Person in einer Gruppe angespannt, alleine, ängstlich, traurig, zurückgezogen oder aggressiv verhält?

Auf sie zugehen, lächeln, eine einladende Geste machen, einen freundlichen Blick schenken, sie einbeziehen, sich ihr bewusst zuwenden. Einen Handschlag, oder wenn es passt, eine Hand auf ihre Schulter legen oder sie umarmen, mit ihr sprechen und sie dabei ansehen. Ihre Leistungen oder Fortschritte anerkennen, ihre Ideen und Meinungen ernst nehmen, ihr bewusst zuhören, sie bei ihrem Namen nennen, Fragen stellen und Interesse zeigen, mit ihr zusammen etwas machen, Zeit für sie haben.

Tipp 2:

Wie kannst du selbst dein Zugehörigkeitsgefühl steigern, wenn du dich in einer Gruppe unter Druck, einsam, voller Angst, traurig, auf die Seite gestellt oder gar voller Zorn und aggressiv fühlst?

Entscheide dich bewusst, dazugehören zu wollen. Denn das Zugehörigkeitsgefühl kann mit Akzeptanz gleichgesetzt werden, ist jedoch ebenso das Ergebnis der eigenen Entscheidung, dazugehören zu wollen. Habe eine „JA, ich nehme euch alle an, Haltung", gegenüber der Gruppe. Frage dich, was du zur Verbesserung der Beziehungen beitragen kannst. Was kann ich gut, macht mir Spaß und wäre hilfreich für andere Menschen?

Sehe dich selbst als wichtig und wertvoll, ebenso

wie andere Menschen. Bringe die Bereitschaft mit, das Richtige für das Wohl der Gruppe zu tun. Beachte, dass das Zugehörigkeitsgefühl nicht konstant ist, weil wir auch Selbstzweifel haben. Mal fühlen wir uns akzeptiert und integriert, so dass uns alles wie selbstverständlich vorkommt und wir uns selbst vergessen. Das wäre der Idealzustand. Dann können wir sein, wie wir sind. Ein anderes Mal zweifeln wir an unserem Platz und kreisen um uns selbst.

7. Ebene (unbewusst Emotionen gesteuert und wahrgenommen)

Die siebte Ebene ist die Ebene der SINNHAFTIGKEIT. Der Mensch trägt die Kernfrage „Wozu noch?" in sich, die beantwortet werden will. Das tiefste Bedürfnis des Menschen ist nicht nur, sich als Teil von etwas Größerem sehen zu können, sondern auch eine Antwort auf die Frage „Wozu lebe ich noch" zu bekommen. Ist diese Frage beantwortet, spürt er innere Ruhe und Gelassenheit. Erkennt er jedoch keinen Sinn mehr in seiner Existenz, beginnt eine tiefe Sinnkrise. Diese zeigt sich in Ruhelosigkeit, Resignation, anhaltender Trauer oder Suizid.

Hier stellen sich Fragen wie:

- Wozu lebe ich?
- Was ist der Sinn dahinter?
- Wofür tue ich, was ich tue?
- Worin unterstütze ich andere Menschen?
- Was gebe ich den Menschen von mir zurück?

- Lebe ich oder funktioniere ich nur noch?
  Entspannen mich die Antworten darauf oder
  wühlen sich mich auf?
- Bin ich glücklich mit meinem Leben so wie es jetzt
  ist? Oder spüre ich Trauer und Rastlosigkeit?

Wenn die Sinnhaftigkeit so entscheidend dafür ist, ob ich glücklich oder unglücklich bin bis hin zur Trauer, Resignation und Suizid, stellt sich die Frage, was nötig ist, um der eigenen Existenz einen Sinn zu geben?

Tipp 1:

Was kannst du tun, um andere Menschen in der Sinnfrage zu begleiten?

Unterstütze sie auf dem Weg, herauszufinden, was sie gerne tun (Berufung). Was bereitet ihnen Freude? Wo liegen ihre Begabungen und Talente, wie können sie genutzt und eingesetzt werden? Was haben andere Menschen davon, wie könnte diese Berufung für andere Menschen hilfreich und bereichernd sein? Unterstütze sie auf dem Weg, herauszufinden, wozu sie leben (Bestimmung). Dies wird in Kapitel 4 „Versöhnt mit Blick nach vorne" genauer betrachtet.

Tipp 2:

Was kannst du tun, um deine Sinnfrage zu klären?

Nimm dir Zeit für dich selbst und frage dich einmal, ob du nur funktionierst oder lebst. Was zieht dich so sehr in den Bann, dass du dabei tiefe und anhaltende Befriedigung erlebst? Bist du glücklich und innerlich entspannt, wenn du auf dein Leben schaust? Wenn nein, weshalb nicht? Was stört dich genau? Was ist wichtig für dich? Was hat besondere Bedeutung in deinem Leben und weshalb? Hast du dein Leben in diese Richtung ausgerichtet? Ist diese Ausrichtung sichtbar für dich und andere, dass es besondere Bedeutung für dich hat? Wie genau zeigst du das? Was gibst du den Menschen ganz bewusst von dir, deinen Fähigkeiten und Begabungen zurück? Was daran, möchtest du verstärken und was abschwächen? Gibt es Dinge, an die du dich aus ungesunden Gründen klammerst? Was will dich konkret aus deinem Leben werfen? Was gibt dir wirklich Sinn und Halt? Was glaubst du, denkt Gott über dich und wozu hat er dich geschaffen?

„Nur vom Verwandelten können Verwandlungen ausgehen."

Søren Aabye Kierkegaard
Theologe & Philosoph

KAPITEL 4

VERSÖHNT MIT BLICK NACH VORNE

So sind wir nun Botschafter an Christi statt, denn Gott ermahnt durch uns; deswegen bitten wir an Christi statt: Lasst euch mit Gott versöhnen! 2. Korinther 5,20

In diesem Titel liegt ein Geheimnis. Ich habe mich oft dabei ertappt, wie Vergebenes nur einen Atemzug später wieder in mir hochkam und ich dadurch in negative Emotionen zurückfiel. Hatte ich etwa nicht richtig vergeben, dass die toxischen Emotionen wieder zurückkommen konnten? Toxische Emotionen lügen doch nicht, oder?

Diesen Fragen und der Vergebung möchte ich in diesem Kapitel nachgehen. Über die Versöhnung mit Gott, dir selbst und den Menschen habe ich bereits geschrieben. Das biblische Symbol für Versöhnung ist das Kreuz. Es besteht aus zwei Balken. Der waagrechte Balken steht symbolisch für die Beziehung von Mensch zu Mensch, der senkrechte für die Beziehung von Gott zum Menschen.

du fühlst, wie du denkst – du denkst, wie du fühlst

Vergebung ist etwas wundervoll Einfaches. Sogar Kinder können vergeben. Vielleicht kommt durch sie wieder eine gewisse Leichtigkeit in unser Leben. Sie erinnert den Menschen daran, gleichwertig, gleich wichtig, gleich bedeutend und gleich vor dem Schöpfer zu sein.

Durch jede ausgesprochene Vergebung ruft der Mensch erneut die Berufung Gottes über seinem Leben aus. Er holt sie damit aus der Vergessenheit in das „Hier und Jetzt". Der Mensch ist berufen, versöhnt zu sein und Versöhnung zu bringen!

Der erste wichtige Schritt

Das Wichtigste zuerst. Versöhnung ist nicht optional für die eigene Freiheit, sondern der direkte Weg in die persönliche Freiheit. Das Kreuz begreifen heißt, Vergebung empfangen und Vergebung leben, täglich, stündlich, jetzt und immer.

Gott hat uns durch seinen Sohn Jesus Christus komplette Vergebung angeboten. Allerdings liegt es an uns, dieses Angebot anzunehmen. Es ist ein Top Deal!

Dieser Deal ist aber mit einer Bedingung verknüpft und zwar folgender:

Und vergib uns unsere Schuld, wie auch wir vergeben haben jenen, die an uns schuldig geworden sind. Matthäus 6,12

Sich zu versöhnen ist eine Entscheidung, die sich bis in die Ewigkeit auswirkt. Deshalb greif dir einen Stift und lass dich auf ein „Vieraugengespräch" mit Gott ein.

Übung

- Sprich mit ihm über Schuld, die du auf dein Leben gebracht hast.
- Du hast alles längst bereinigt? Glaub mir, ein „Vieraugengespräch" mit Gott tut auch dann immer gut.

Gesprächsnotizen:

Schreib auf, wofür du Gott konkret um Vergebung bitten möchtest und welche Enttäuschungen du loslässt.

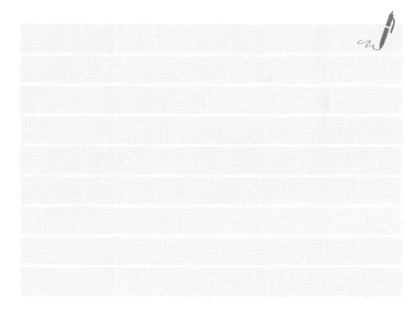

du fühlst, wie du denkst – du denkst, wie du fühlst

Vater Gott, ich komme vor dich und bitte dich, befreie mich von der Last der Schuld, die in mein Leben drückt. Ich bitte dich im Namen Jesus um Vergebung für... Ich danke dir, dass dein überfließendes Leben JESUS den Raum in mir füllt, den ich durch die Vergebung neu gewonnen habe. Jesus bitte stecke die Pflöcke meiner Grenzen weiter und weite meinen Herzensraum aus, bis dein Leben daraus überfliesst. Ich entscheide mich, Enttäuschungen loszulassen und erkenne an, dass ich einer Täuschung gefolgt bin. Das alles bitte und empfange ich im Namen Jesu. Amen

Der zweite wichtige Schritt

Ist der erste Schritt erfolgreich umgesetzt, indem du dich mit Gott bewusst versöhnt hast, folgt der zweite Schritt und damit die nächste Herausforderung. Erlaube dir nicht mehr über das, was du deinem Nächsten vergeben hast, nachzusinnen. Hier ist Selbstdisziplin gefragt. Denn mit dem Nachsinnen kommen die alten toxischen Emotionen wieder in dir hoch.[8] „Du musst wissen, negative Emotionen üben nicht nur einen schlechten Einfluss auf den Körper aus, indem sie beispielsweise die Arbeit des Immunsystems behindern und Entzündungen fördern,

---

[8] Vgl. Wirtschafts Woche „Wie negative Gefühle das Gehirn vernebeln", von Ilona Bürgel veröffentlicht am 12.05.2014

Heilungsprozesse verlangsamen oder dem Herzen schaden. Sie haben auch mentale Konsequenzen. Damit wiederholen wir die Kränkung innerlich immer wieder. So wird es in der Erinnerung größer, als es in der Realität je war." Das bedeutet: Erlaube dir kein Nachsinnen mehr darüber.

Schreibe die Namen der Personen auf, denen du vergeben willst und was du ihnen erlassen wirst.

Vater Gott, ich komme zu dir mit Personen, denen ich hier und heute vergebe. Ich bringe ... (Namen einsetzen) vor deinen Thron und erkläre, ich lasse sie/ihn los und vergebe ihr/ihm die Schuld. Ich erkläre, ich habe kein Recht sie/ihn anzuklagen, negativ über sie/ihn zu sprechen, zu denken oder zu urteilen. Wo ich das getan habe, bitte ich dich um Vergebung. Ich habe jegliches Recht auf Anklage und Verurteilung fallengelassen. Ich weiß, dass jegliche Anklage von Gott auch mir gegenüber fallengelassen worden ist. Ich bin frei und somit gebe ich sie/ihn auch frei – jetzt. Ich danke dir Jesus, dass mein Herz in diesen Bereichen heilen wird. Ich bin entschieden, Selbstdisziplin zu üben und lasse los. Ich schaue nicht mehr zurück! In Jesu Namen. Amen

Der dritte wichtige Schritt

Noch ein Schritt. So wie du dich entschieden hast, mit Gott und deinem Nächsten versöhnt zu leben, so entscheide dich, versöhnt mit dir selbst zu leben.

Die Versöhnung sowie das bewusste innere Kommunizieren mit sich selbst ist entscheidend wichtig. Nachdem du Gottes Vergebung empfangen hast, vergib dir auch selbst. Dies ist der erste, entscheidende Schritt in deine Freiheit.

Jetzt liegt es in deiner Verantwortung, nicht mehr über vergangene Fehler nachzudenken oder dir über zukünftige Herausforderungen Sorgen zu machen, dass du etwas falsch machen und Schuld auf dich laden könntest. Wecke alte toxische Gedanken nicht wieder auf. Jesus hat ein für alle Mal für unsere Schuld bezahlt. Dies macht deutlich, dass Gott für dich Freiheit und Heilung möchte, ebenso in deinen Emotionen. Halte an seiner Vergebung und der Heilung, die darin liegt, fest. Dies soll das Denken über dich selbst neu prägen. Schreibe auf, was du dir selbst vergibst. Damit gibst du eine persönliche Erklärung ab.

Merke:

Der Mensch kommuniziert am meisten mit sich selbst. Dabei ist es wichtig, die toxischen Gedanken weder zu unterdrücken, noch sich von ihnen beherrschen zu lassen, sondern sie zu identifizieren. So könnten wir beispielsweise die Lautstärke des inneren lauten Kritikers leiser drehen und die des Ermutigers lauter. Nehmen wir an, du stehst vor einer Herausforderung und sorgenvolle Gedanken steigen in dir hoch.

[9]Am besten beobachtest du, welche toxischen Gedanken aufkommen und schreibst diese auf, zum Beispiel: „Ich habe mir wieder zu viel vorgenommen." Führe laut ein Selbstgespräch: „Worauf freue ich mich? Was genau ist meine Sorge, Befürchtung, Hoffnung dabei?" Sammle Argumente, die gegen den negativen Gedanken sprechen. Verknüpfe diese guten Gegenargumente mit Motiven, vorhandenen Fähigkeiten und Stärken von dir.

Mögliche gute Gegenargumente: „Ja, ich bin jedoch gut darauf vorbereitet und habe mir bewusst ein

---

[9] Vgl. „Die Motivation steigern", Übung von Dr. Jan Rauch, www.zhaw.ch - Positive Selbstgespräche

grosses Ziel gesetzt, um mich selbst herauszufordern. Ich gebe jetzt mein Bestes, um die Herausforderung zu meistern."

Positive Selbstgespräche einzuüben, ist ein tolles Hilfsmittel. Sie müssen lediglich automatisiert werden, sonst treten eingeschliffene toxische Gedanken in entscheidenden Situationen wieder in den Vordergrund. Wann immer ein toxischer Gedanke auftaucht und zur Herausforderung wird, stoppe ihn und sprich den positiv umformulierten Gedanken laut aus. Dies fühlt sich anfänglich vielleicht sonderbar an, da man sich selbst in seinem Gedankenfluss unterbricht, jedoch hat sich dieses laute Eingreifen als überaus effizient erwiesen.

Vater Gott, ich komme zu dir mit dem Denken über mich selbst. Ich bekenne dir: Ich nehme deine Vergebung für meine Fehler und Fehltritte in Anspruch. Ich entscheide mich, das Vergangene hinter mir zu lassen. Ich verpflichte mich, das 1. Gebot zu leben: Ich liebe dich, Gott - ich liebe meinen Nächsten und ich nehme mich selbst an. Ich liebe mich selbst und bin dankbar für mein Leben. Ich bin entschlossen, versöhnt mit mir selbst zu leben. Danke Vater Gott, dass mein Selbstwert in den Wunden von Jesus heilt. Ich bitte dich, unterstütze mich im erneuerten Denken über mich selbst. Hilf

mir, toxische Gedanken und damit verbundene Emotionen zu löschen. Ich will
Gedanken, die mich lähmen und verurteilen,
dort wo keine Verurteilung und Schuld mehr
ist, auflösen. Ich bete und empfange das
alles im Namen Jesu. Amen

Kurzer Blick zurück & zwei entscheidende Fragen

Denn Gott spricht: „Gerade zur richtigen Zeit habe ich dich erhört. Am Tag der Erlösung habe ich dir geholfen." Gott ist bereit, euch gerade jetzt zu helfen. Heute ist der Tag der Erlösung. 2. Korinther 6,2

Heute ist der Tag. Jetzt ist die Stunde der Befreiung. Wenn Gott in dein Leben blickt, dann sieht er diese Gelegenheit, in deinem „JETZT" zu handeln. Er selbst sagt: „Heute ist der Tag, jetzt ist die Stunde, in der ich dir helfe." Er ist der Herr der Zeit. Sein Morgen kennt keine Nacht. Deine Vergangenheit, deine Gegenwart und deine Zukunft liegen in seiner Hand. Er ist das Alpha und das Omega, der Anfang und das Ende. Er ist der Schöpfer von allem Sein, aller Endlichkeit und aller Ewigkeit. Er bestimmt das Zeitgeschehen und lenkt im Verborgenen die Welt. Unser Jetzt ist bereits sein Gestern und unser Morgen ihm längst bekannt. Nichts erschreckt ihn oder gerät außer Kontrolle. Er behält allezeit den Überblick. Alle gesammelten menschlichen Erkenntnisse sind am Ende der Zeit doch nur ein Tropfen Weisheit in seinem Wasserglas.

Er ist der Schöpfer des *Mikro- und des *Makrokosmos und der Welt dazwischen, dem *Mesokosmos. Berühmte Denker, Philosophen und Naturwissenschaftler haben versucht, unsere erfahrbare Welt in der Tiefe zu begreifen. Und sie haben komplexes Wissen in den verschiedensten Bereichen freigelegt und an die Oberfläche gebracht. Doch wenn all dieses komplexe Wissen nicht zu der Erkenntnis führt, dass Gott existiert, ist alles vergebens. Wenn all das Wissen nur darin mündet, den lebendigen Gott zu leugnen, ist auf dem Weg zu all der Erkenntnis falsch abgebogen worden. Denn dann wurde das eigentlich Wesentliche, dass der Mensch Erlösung braucht, nicht erkannt.

Hört auf, euch selbst zu betrügen. Wer von euch sich in dieser Welt für weise hält, der muss erst töricht werden, damit er nach Gottes Maßstäben weise werden kann. Denn die Weisheit dieser Welt ist in Gottes Augen Torheit. In der Schrift heißt es: „Gott fängt diejenigen, die sich für weise halten, mit ihrer eigenen Klugheit." Und an anderer Stelle heißt es: „Der Herr kennt die Gedanken der Weisen, er weiß, dass sie nichts wert sind." Deshalb bildet euch auf einen anderen Menschen nichts ein. Denn alles gehört euch: Paulus und Apollos und Petrus; die ganze Welt und Leben und Tod; die Gegenwart wie die Zukunft. Alles gehört euch, und ihr gehört Christus, und Christus gehört Gott. 1. Korinther 3,18-23

Er ist der Schöpfer aller Dimensionen. Der Gott des kleinen und des großen Kosmos. Und der Gott der Welt dazwischen. Nichts ist für ihn zu unbedeutend, dass er es nicht erhören würde. Nichts zu bedrohend, dass es ihn erschrecken würde. Es gibt nichts in deinem und meinem Leben, dass an seinen Augen vorübergeht, ohne wahrgenommen zu werden. Nichts ist ihm zu groß oder gar unmöglich.

Und wenn unser Leben aus allen Fugen und in Schieflage gerät, ändert dies nichts daran, dass Gott alles in seinen Händen hält. Er hat uns nie verheißen, dass wir unbeschadet durch das Leben kommen. Er hat uns nie versprochen, dass wir nicht leiden. Doch er versprach uns, durch all die Täler, Berge und wilden Gewässer des Lebens hindurch, bei uns zu sein. Er hat uns versprochen, uns an das ewige Ziel zu bringen, wenn wir ihm vertrauen. Ist das nicht mehr als genug? Alles, was wir brauchen, ist seine Nähe. Ja und oft ist es gerade so, dass die Krisen und Herausforderungen unseres Lebens, uns in die Arme Gottes zurückbringen.

Darum werden wir uns nicht dazu verleiten lassen, über Gott zu klagen, wenn das Schicksal zuschlägt. Denn oft erfahren wir das „WOZU" erst viel später oder auch nicht, weil es keines gibt. Die Sinnlosigkeit darin ist es, die uns in Gottes Nähe schiebt.

Ist nicht vielmehr das ein Fasten, an dem ich Gefallen habe: Ungerechte Fesseln zu lösen, die Knoten des Joches zu öffnen, gewalttätig Behandelte als Freie zu entlassen und dass ihr jedes Joch zerbrecht.
Jesaja 58,6

„Auf die Gegenwart, Zukunft, ja sogar auf deine Ewigkeit kannst du Einfluss nehmen. Die Vergangenheit jedoch ist die einzige Zeit deines Lebens, auf die du keinen Einfluss mehr nehmen kannst." Meine Aussage mag banal klingen. Sie ist alles andere als das. Diese Tatsache in ihrer Tiefe zu verstehen, ist von großer Bedeutung. Die Zeit des Haderns mit deiner Vergangenheit darf hier und heute ihr Ende finden. Es liegt in deiner Hand, unbeschwert und glücklich zu sein.

Du kannst deine Vergangenheit nicht mehr beeinflussen, aber genau da liegt das Gold von Morgen vergraben. Dort liegt dein größter Schatz. Deine Antworten auf die Frage nach dem „Sinn des Lebens".

Junge Menschen fragen sich bestenfalls „Wofür lebe ich?" und alte Menschen „Was habe ich Sinnvolles an die Welt zurückgegeben?"

Mit diesen Fragen werden zwei bedeutende Dinge angesprochen, wenn es um die Sinnhaftigkeit des Menschen geht. Zum einen „Wofür lebt der Mensch?"

und zum anderen „Was gibt er davon zurück?" Nur mit diesen beiden Fragen schließt sich der Kreis der Sinnhaftigkeit. Deshalb schauen wir noch einmal zurück in deine Vergangenheit und ich frage dich: „Wofür und wozu lebst du?"

Wissenswertes:

Wenn du an ein schmerzhaftes Erlebnis zurückdenkst, musst du wissen, dass toxische Emotionen hochsteigen können. Gerade so, als ob du das schmerzhafte Erlebnis noch einmal durchleben würdest. Deshalb ist es wichtig, nach diesem *Prozess der Betrachtung wieder loszulassen. Es ist ebenfalls wichtig, dass sich jeder die Zeit dafür nimmt, die er für sich braucht. Verletzungen, Kränkungen, Verluste, Traumata usw. anzusehen bzw. loszulassen kann viel Zeit in Anspruch nehmen.

Übung

Alles, was du brauchst, um die Person zu werden, die Gott sich gedacht hat, ist längst in dir. Der Schöpfer macht keine Fehler, sein Werk ist getan. Er hat deinen Wert längst erkannt und ihn in dich hineingelegt. Jetzt liegt es an dir, den inneren Zugang zu finden und die verändernde Kraft in deinem Leben wirksam werden zu lassen.

- Suche dir einen ruhigen Ort, an dem du ungestört bist.
- Stell dein Handy in den Flugmodus oder besser, lege es ganz weg.

- Starte mit den Fragen, indem du aufschreibst, was dir dazu in den Sinn kommt.

(Hinweis: „WARUM Grübeleien ..." und „JA, aber..." sind verboten!)

Wofür und wozu lebst du? Fragen & deine Antworten

- **Frage 1**: Wozu lebst du?

- **Frage 2**: Was war die größte Kränkung (Schmerz/ prägendste Erlebnis) für dich in deiner persönlichen Geschichte?

- **Frage 3**: Bist du bereit, diese Kränkung (Schmerz) einzugestehen, anzunehmen und heilen zu lassen? Oder empfindest du sie bereits als eingestanden, angenommen und geheilt?

Wenn du den vergangenen Schmerz noch deutlich spürst, wären folgende zwei Schritte für dich hilfreich, ansonsten kannst du sie überspringen.

- Akzeptiere das, was war. Akzeptieren bedeutet nicht, „gut heißen", sondern lediglich annehmen was war. Dazu gehören auch toxische Emotionen. Das Akzeptieren ist ein wichtiger Schritt in deine Freiheit. Wenn du das nicht machst, bleibst du an Ort und Stelle stehen. Schenke dir selbst Zeit.
- „Loslassen". Entscheide dich, bewusst loszulassen. Das bedeutet, dass du dir nicht mehr erlaubst, darüber zu grübeln. (Es sei denn du merkst, es ist etwas aufgebrochen, wofür du dir professionelle Hilfe wünschst. Bitte hole dir dann eine Fachperson an die Seite.)
- Frage 4: Was hat dich diese „prägende Erfahrung" über dich selbst gelehrt? Was hat sich dadurch zu einer persönlichen Stärke (Ressource) entwickelt? Wäre das für andere Menschen unterstützend oder hilfreich?

- Frage 5: Bist du bereit, das Gelernte aus deiner persönlichen Geschichte an die Menschen zurück-zugeben?

„Mit der Liebe zu Gott und der
der Liebe zu den Menschen verhält es sich wie mit zwei Türen,
die sich nur gleichzeitig öffnen
und schließen lassen."
Søren Aabye Kierkegaard
Theologe & Philosoph

du fühlst, wie du denkst – du denkst, wie du fühlst

KAPITEL 5

HOFFNUNGSVOLLES DENKEN & „HIMMLISCHE" ZEICHEN

Wir aber, die wir Kinder des Tages sind, wollen nüchtern sein, angetan mit dem Panzer des Glaubens und der Liebe und mit dem Helm der Hoffnung auf das Heil.
1. Thessalonicher 5,8

Wir werden Kinder des Tages genannt und haben es auf der Erde mit „Kampf" in zweierlei Hinsicht zu tun. Der eine findet in unserem Denken statt, der andere im Übernatürlichen gegen böse Geister. Wir haben von Gott sechs Waffen erhalten, um siegreich sein zu können. Genau genommen gibt es fünf defensive Waffen, die zur Verteidigung gedacht sind und nur eine offensive Waffe für den Angriff. Bei der Waffenrüstung geht es in erster Linie um ein tiefes Begreifen der neuen Identität in Jesus Christus. Einst waren wir Entwurzelte, jetzt sind wir Kinder Gottes.

Gürtel der Wahrheit (defensiv)

Gürtet eure Hüften mit Wahrheit...
Epheser 6,14

Wenn der Mensch den Vater erkennt, beginnt er sich selbst zu begreifen. ER, das vollkommene Licht, die Sonne am Horizont, überführt uns von aller Täuschung und Irreführung durch Satan. Wenn sich unser Herz danach sehnt, dem Vater zu dienen, befähigt uns die Wahrheit in Person von Jesus Christus dazu, all das zu sein, was wir nach Gottes Plan sein sollen. Beim Tragen des Gürtels der Wahrheit geht es darum, wahrhaftig zu sein vor Gott, sich selbst und dem Nächsten, indem wir unsere Masken fallen lassen, die die wahre Identität verschleiert haben.

Kann es sein, dass sich der Mensch hinter Masken versteckt, weil er sich schutzlos fühlt oder glaubt, nicht zu genügen? Die Angst vor Ablehnung und Ausgrenzung mag hier ebenso eine Rolle spielen. Einerseits möchte der Mensch als Individuum auftreten, andererseits wünscht er sich die Zugehörigkeit zu einer Gruppe, um Anerkennung und Bestätigung der eigenen Person zu erfahren. Diese Tatsache erschwert es dem Menschen, authentisch zu sein und sich so zu zeigen, wie er ist. Je niedriger der Selbstwert (Bewusstsein des eigenen Wertes) ist, desto größer ist der Wunsch, sich hinter einer Maske zu verstecken. Der erste Schritt zu einem Leben ohne Maske ist, ein „JA" zu sich selbst zu haben.

Wie bereits erwähnt, sind wir in unserer Wahr-nehmung eingeschränkt. Wir leben größtenteils un-bewusst. Deshalb ist die geistliche Komponente so wichtig. Durch Jesus Christus wurde unser Geist wiedergeboren. Nur ein lebendiger, menschlicher Geist kann mit Gottes Geist Gemeinschaft haben. Das macht uns zu Kindern Gottes.

Der Herrscher der Finsternis arbeitet in der Ver-borgenheit und will unseren Tag zur Nacht machen. Er feilt an seinen hässlichen Plänen, um die Men-schenkinder zu täuschen und irrezuführen. Demüti-gungen und Kränkungen hinterlassen in einem Menschen tiefe Schamgefühle. Dies bringt den Menschen dazu, eine Maske der Täuschung zu tragen. Auch Schuld und Angst zwingen dem Menschen eine Maske auf. Oft fehlt die geistliche Sicht dafür, dass die Tür, die aus Scham, Schuld und Angst geöffnet wurde, in Wahrheit ein Grab ist. Es ist bekannt, dass Scham und Schuld sehr häufig Auslöser für Suizid sind.

Konkret:

Wenn wir den Gürtel der Wahrheit anlegen, verliert Selbstbetrug seine Kraft. Wir werden „ehrlich" gegen-über uns selbst, Gott und unseren Mitmenschen.

Merke:

Gott kennt und liebt dich! Er steht zu dir. Du genügst Gott, unabhängig davon, was deine Gefühle sagen. Für Gott bist du genau richtig und liebenswert, ganz gleich, ob du das so sehen kannst oder nicht. Der Glaube daran, dass Gott dich bedingungslos liebt, schenkt dir

Hoffnung, dass du immer heiler werden wirst.

Brustpanzer der Gerechtigkeit (defensiv)

Zieht an den Panzer der Gerechtigkeit...
Epheser 6,14b

Der Brustpanzer schützt den Rumpf des Menschen. Du weißt sicher, dass das Herz eines der wichtigsten Organe im Körper des Menschen ist. Der Brustpanzer der Gerechtigkeit ist für den Schutz deines Herzens gedacht.

Mehr als alles, was man sonst bewahrt, behüte dein Herz! Denn in ihm entspringt die Quelle des Lebens. Sprüche 4,23

Jesus Christus hat die Quelle des Lebens in dein Herz gelegt. Wie sieht heute und jetzt deine Quelle aus? Ist sie klar? Wenn du einem Menschen zuhörst, wird sehr schnell deutlich, was er in seinem Herzen verborgen hält.

Er sagte aber: „Was aus dem Menschen herauskommt, das verunreinigt den Menschen. Denn von innen aus dem Herzen der Menschen kommen die bösen Gedanken hervor. Markus 7,20+21

du fühlst, wie du denkst – du denkst, wie du fühlst

Böse Gedanken können zu bösen Handlungen führen. Zuerst entsteht ein Gedanke, danach steigt ein
Gefühl in dir hoch, tritt als Erfahrung nach außen und
wird zu einer Handlung. Dies hat Auswirkungen auf
dein Umfeld sowie auf dich selbst.

> *...und den neuen Menschen angezogen habt,*
> *der nach Gott geschaffen ist in wahrhaftiger*
> *Gerechtigkeit und Heiligkeit. Deshalb legt*
> *die Lüge ab und redet Wahrheit...*
> *Epheser 4,24+25*

Paulus sagt hier, dass wir erlöst sind, den neuen
Menschen angezogen haben und jetzt ablegen sollen,
was nicht der Gerechtigkeit Gottes entspricht. Die
Grundlage unseres Handelns ist das, was wir sind. Wir
sind geliebt von Gott, deshalb können wir lieben.

> *...wir aber, die wir dem Tag angehören, wol-*
> *len nüchtern sein, angetan mit dem Brust-*
> *panzer des Glaubens und der Liebe und mit*
> *dem Helm der Hoffnung auf das Heil.*
> *1. Thessalonicher 5,8*

In diesem Vers ist die Rede von dem Brustpanzer
des Glaubens und der Liebe und nicht von dem
Brustpanzer der Gerechtigkeit. Ist das ein Wider-
spruch? Nein, auf keinen Fall. Denn durch den Glauben
und die Liebe wird die Gerechtigkeit erst wirksam.
Wenn du gute Gedanken über dich hast, werden sie in

Liebe und Gerechtigkeit offenbar. Hast du jedoch schlechte Gedanken, tritt das Gegenteil zutage. Deshalb achte darauf, was du über die fünf Sinne in dein Herz sickern lässt und was du über dich selbst glaubst.

Konkret:

Der Brustpanzer der Gerechtigkeit schützt dich davor, etwas anderes zu glauben, als das, was Gottes Wort über dich sagt.

Merke:

Scham, Schuld und Angst arbeiten gegen Glaube, Liebe und Gerechtigkeit in dir. Lasse dich von Gottes guten Gedanken über deinem Leben leiten und von seiner Liebe erfüllen, so wird der, der in dir ist, in deinem Handeln sichtbar.

Eintreten für die gute Botschaft des Friedens mit Gott (defensiv)

Eure Füße sollen für die gute Botschaft eintreten, die den Frieden mit Gott verkündet. Epheser 6,15

Die gute Botschaft ist die Botschaft der Versöhnung! In ihr ist kein Verurteilen oder Richten enthalten. Jesus Christus ist gekommen, um unser Herz mit seinem Frieden zu fluten. Er hat uns versöhnt mit Gott, mit uns selbst und unserem Nächsten. Die Menschen spüren, ob du Frieden mit Gott hast. Du bist Gottes Friedensbote in dieser Zeit und dazu berufen, das Geschenk der Versöhnung weiterzugeben. Gott will die Menschen mit sich selbst versöhnen. Alle, die Jesus Christus ablehnen, haben das Gericht bereits selbst über sich gesprochen und den inneren Frieden von sich gewiesen.

> *Wenn jemand mich hört und mir nicht gehorcht, bin ich nicht sein Richter – denn ich bin gekommen, um die Welt zu retten, und nicht, um sie zu richten. Doch wer mich und meine Botschaft ablehnt, wird am Tag des Gerichts durch meine Worte, die ich gesprochen habe, gerichtet werden.*
> Johannes 12,47+48

Jesus hatte den Auftrag auf Erden, den Menschen den Weg zur Erlösung und zum ewigen Leben zu zeigen. Er kam als Erlöser. Oft missverstehen wir unseren Auftrag und fangen an, zu beurteilen. Doch Gott erwartet von uns lediglich, dass wir den Menschen unseren inneren Frieden zeigen. Ob sie ihn annehmen, liegt nicht in unserer Verantwortung.

> *Und ich werde euch ein neues Herz geben und euch einen neuen Geist schenken. Ich werde das Herz aus Stein aus eurem Körper nehmen und euch ein Herz aus Fleisch geben.* Hesekiel 36,26

Du hast ein neues Herz bekommen und einen zum Leben erweckten Geist. Die Menschen spüren, ob der Geist des Friedens in dir ruht.

Konkret:

Dadurch, dass du versöhnt bist mit Gott, mit dir selbst und deinem Nächsten, bist du bereit, für die gute Botschaft des Friedens einzutreten.

Merke:

Wenn Angst dein Herz ergreift, wirst du aus diesem göttlichen Frieden herausgerissen. Wenn du die Angst jedoch loslässt und dich neu entscheidest, Gott zu vertrauen, kehrt Frieden in dein Herz zurück.

Schild des Glaubens (defensiv)

Setzt den Glauben als einen Schutzschild ein, um die feurigen Pfeile des Satans abzuwehren. Epheser 6,16

Wovor kann uns der Schild des Glaubens schützen? Vor den feurigen Pfeilen der Angst, des Zweifels und Misserfolgs. Unser Glaube an die Auferstehungskraft zertrümmert jeglichen feindlichen Angriff. So sei dir bewusst, dass du diese feurigen Pfeile nicht nur abwehren, sondern auch auslöschen kannst.

Konkret:

Unser Glaube wird letztlich darüber entscheiden, was wir sind und haben. Der Glaube ist in der Lage

Angst, Zweifel und Misserfolg abzuwehren.

Merke:

Wandle nicht im „Schauen", sondern im Glauben. Sieh die Dinge mit den Augen des Glaubens in dem Bewusstsein, dass dir alles zum Besten dienen muss.

Helm des Heils (defensiv)

Empfangt den Helm des Heils... Epheser 6,17a

...und mit dem Helm der Hoffnung auf das Heil. 1. Thessalonicher 5,8d

Der Helm unserer Rettung schützt unser Denken. Satan attackiert unsere Gedanken viel mehr, als alle anderen Bereiche unseres Menschseins. Wir Kinder des Lichts aber wollen einen klaren Kopf bewahren. Wir wappnen uns mit Glauben und Liebe und schützen uns mit der Hoffnung auf die Erlösung.

Worüber denkst du nach? Deine Gedanken erzeugen Gefühle. Wir nehmen nicht alle unsere Gedanken bewusst wahr, unsere Gefühle jedoch schon. Wenn du dich häufig schlecht und niedergeschlagen fühlst, verraten deine Gefühle dein destruktives Gedankenleben. Der Helm des Heils soll dich daran erinnern, dass dein Denken in Höhen und Tiefen auf die Hoffnung ausgerichtet bleibt. Erwarte allezeit das Gute aus Gottes Hand und fokussiere dich auf den Glauben, die Hoffnung und die Liebe. Das nenne ich „Gott wohlgefälliger Optimismus". Nimm dich in Acht vor destruktiven Gedanken, die sich in negativen Gefühlen ausdrücken. Solche Gefühle können über dich wie ein plötzliches Gewitter hereinbrechen. Möge dein Geist innerlich aufstehen, wenn sich die Gewitterwolken über dir zusammenziehen.

Deshalb orientiert euch nicht am Verhalten und an den Gewohnheiten dieser Welt, sondern lasst euch von Gott durch Veränderung eurer Denkweise in neue Menschen verwandeln. Dann werdet ihr wissen, was Gott von euch will. Es ist das, was gut ist und ihn freut und seinem Willen vollkommen entspricht. Römer 12,2

Und nun, liebe Freunde, lasst mich zum Schluss noch etwas sagen: „Konzentriert euch auf das, was wahr und anständig und gerecht ist". Denkt über das nach, was rein und liebenswert und bewunderungswürdig ist, über Dinge, die Auszeichnung und Lob verdienen. Philipper 4,8

Diese Verse werden noch kraftvoller, wenn man bedenkt, dass Paulus sie im Gefängnis schrieb. In Isolation und Dunkelheit. Abgeschnitten von der Welt und hungernd. Sein Denken war auf den Glauben, die Hoffnung und die Liebe ausgerichtet. Deshalb lasst es uns ihm gleichtun und unseren Blick auf Jesus gerichtet halten.

Vater Gott, ich bitte dich, wirke kraftvoll in mein Denken hinein. Offenbare mir destruktive Gedankengänge und unnützes, zermürbendes Grübeln über mich selbst. Bitte zeige mir auf, in welchen Bereichen ich gedanklich zurückschaue und dich Vater, mich oder jemand anders anklage. Ich gebe dir die Erlaubnis, dunkle Gedanken mit deinem Licht zu konfrontieren. Ich bitte dich, schenke mir einen Hunger nach deinem Wort, der nie mehr gestillt wird und führe mich in ein Denken hinein, das du Vater prägst. Ich bitte dich, lass Gedanken der Lüge über meinem Leben zusammenbrechen. Ich proklamiere Wahrheit über meinem Denken und Freiheit. Denn wo der Geist des Herrn ist, ist Freiheit. Im Namen Jesu Christi. Amen

Konkret:

Der Helm des Heils wird dein Denken vor destruktiven Gedanken bewahren. Deine Gefühle verraten dir, ob du den Helm des Heils in deinem Alltag trägst.

Merke:

Die Seele braucht Zeit, Schmerzen und alte Strategien abzulegen. Hast du jedoch über einen längeren Zeitraum destruktive Gedanken, überlege dir, ob es dran ist, dein Denken in diesem Bereich zu erneuern.

Schwert des Geistes (offensiv)

...und das Schwert des Geistes, das Gottes Wort ist. Epheser 6,17b

Wenn du das Schwert des Geistes in deiner Hand hältst, wirst du merken, dass es nur einen kleinen Wirkungsbereich hat. Das heißt nicht, dass es schwach ist. Im Gegenteil, es ist enorm wirksam im Nahkampf. Besonders dann, wenn sich dir böse Mächte nähern. Wenn du den Atem des Verderbens, egal in welcher Form, in deinem Gesicht spürst, ist es Zeit, den Feind zu köpfen. Gerade so, wie David Goliath mit dem Schwert köpfte.

Sprich das Wort Gottes über dir aus. Rufe dir kraftvolle Bibelverse in deinen Sinn. Trainiere deine Gedanken mit Disziplin und bleibe fokussiert auf die Hoffnung. Denke daran, Selbstmitleid ist ein tödliches Gift, dass deine Hoffnung sterben lässt. Ich möchte dich ermuntern, Bibelverse überall dort aufzukleben, wo sie deine Aufmerksamkeit bekommen. Lerne sie, wenn möglich, auswendig, damit du im Falle eines satanischen Angriffs gut vorbereitet bist.

Konkret:

Glaube dem Wort Gottes mehr als der eigenen subjektiven Wahrnehmung und sprich es aus.

Merke:

Du brauchst das Schwert des Geistes für den „Nahkampf". Suche dir Bibelverse heraus, die du Satan bei Angriffen jeglicher Art entgegenhalten kannst.

Bedient euch der ganzen Waffenrüstung Gottes. Wenn es dann soweit ist, werdet ihr dem Bösen widerstehen können und noch aufrecht stehen, wenn ihr den Kampf gewonnen habt. Epheser 6,13

Ich liebe diese Aussage von Paulus: „Wenn es dann soweit ist, werdet ihr dem Bösen widerstehen können und noch aufrecht stehen, wenn ihr den Kampf gewonnen habt." Diese kraftvolle doppelte Verheißung begeistert mich zutiefst. Damit stand für Paulus fest, dass wir siegen und darüber hinaus aufrecht stehen werden, wenn wir den Kampf gewonnen haben. Hole dir deinen Sieg!

Die „himmlischen" Zeichen des Denkens

Wenn wir es mit destruktiven Gedanken zu tun haben, ist es wichtig herauszufinden, woher sie kommen. Entspringen sie einer Verletzung, einer subjektiven Annahme oder Prägung? Inwieweit können böse Mächte diese negativen Gedankenmuster gebrauchen, um einem Menschen zu schaden oder gar zu zerstören? Im Folgenden schauen wir uns das näher an.

1. Zeichen: Wahr oder unwahr

Wie können wir unterscheiden, ob unsere Gedanken

von Gott oder vom Feind geprägt sind? Ein wichtiges Zeichen für die Herkunft ist: Stimmt unser Denken mit dem überein, was Gott über uns in der Bibel sagt? Bringen unsere Gedanken Frustration, Schwere, Trauer usw. oder Leichtigkeit, Versöhnung und Weite in unser Leben? Leider hat das Lesen der Bibel für viele an Bedeutung verloren. Eine Folge wird sein, dass wir Gottes Wort nicht zur Verfügung haben, wenn wir uns im Kampf gegen böse, verführerische Mächte befinden.

Nur zu leicht lassen wir uns durch das laute Geschrei des Bösen beängstigen und in die Enge treiben. Scheinbar unüberwindbare Probleme wollen uns bedrängen. Doch Johannes erinnert uns in seinem ersten Brief daran, dass Gott viel stärker ist:

Ihr aber gehört zu Gott, meine Kinder. Ihr habt euren Kampf gegen diese falschen Propheten bereits gewonnen, weil der Geist, der in euch lebt, größer ist als der Geist, der die Welt regiert. 1. Johannes 4,4

Gottes Geist, der in uns lebt, ist größer als der, der in der Welt ist. Sein Geist pulsiert in unseren Herzen. Dies hilft uns, zwischen Licht und Finsternis zu unterscheiden und das Böse zu überwinden. Als Kinder des Tages, halten wir uns dort auf, wo Licht ist oder anders gesagt, wo wir hinkommen, wird es Licht.

2. Zeichen: Gemeinschaft

Ein weiteres Zeichen ist die Gemeinschaft mit anderen Menschen. Der Mensch braucht ein Gegenüber, um sich selbst besser verstehen zu können. Deshalb ist es gut, sich verbindlich in einer Gemeinschaft zu bewegen, die sich über die Bibel und deren Werte austauscht. Gleichzeitig haben wir Gemeinschaft mit Gott selbst, wodurch unsere Identität gefestigt wird. Eine Gemeinschaft im biblischen Sinn ist ein lebendiger Organismus, der zu einer positiven Entwicklung des Einzelnen beiträgt. Eine solche Gemeinschaft darf weder beherrschend, manipulierend, kontrollierend oder einschüchternd sein. Im Gegenteil, eine Gemeinschaft, die Gott gefällt, weist folgende drei Merkmale auf, welche Johannes in seinem ersten Brief erwähnt:

- Die Gemeinschaft glaubt an Jesus Christus, als Herrn und Erlöser.
- Die Gemeinschaft liebt die Menschen.
- Die Gemeinschaft führt und lehrt ein moralisch reines Leben.

Wenn ein Mensch mit Jesus Christus versöhnt ist, wird die Liebe Gottes in ihm den Umgang mit seinen Mitmenschen prägen. Das moralisch reine Leben ist zu einem dehnbaren Begriff geworden. Unsere Vorstellung von Moral wurde durch die Einflüsse dieser Welt geformt. Es ist deshalb sehr wichtig, unser Denken zu erneuern.

Deshalb orientiert euch nicht am Verhalten und an den Gewohnheiten dieser Welt, sondern lasst euch von Gott durch Veränderung eurer Denkweise in neue Menschen verwandeln. Römer 12,2

3. Zeichen: Lebensgestaltung

Ein weiteres Zeichen, das wir beachten sollten, ist: Was wird durch ein Leben beziehungsweise Lebensstil zum Ausdruck gebracht. Der Lebensstil spricht eine deutlichere Sprache als Worte. Gelebte Transparenz ist sehr wichtig. Das bedeutet, „ehrlich" zu sein, gegenüber Gott, sich selbst und den Mitmenschen. Jeder darf zu seinen Fehlern stehen und muss nichts verstecken. Solange er korrigierbar bleibt, sind Fehler kein Problem.

4. Zeichen: Früchte

Ein gesunder Baum trägt gute Früchte, ein kranker Baum dagegen schlechte. An einem guten Baum wachsen keine schlechten Früchte, ebenso wenig wie ein kranker Baum gesunde Früchte hervorbringt. Matthäus 7,17+18

Ein weiteres Zeichen sind die Früchte im Leben eines Menschen. Welche Tugenden zeichnen den Menschen aus und was gibt er weiter, beziehungsweise was bleibt zurück? Gute Frucht ist nach Galater 5,22: Liebe, Freude, Frieden, Langmut, Freundlichkeit, Güte, Treue, Sanftmut und Selbstbeherrschung.

Ist Jesus Christus das Zentrum der Botschaft oder der Botschafter selbst? Strebt er nach Ruhm, Macht oder Geld, sind dies eindeutige Indizien für schlechte Früchte.

5. Zeichen: Wer Jesus Christus ist

Das wichtigste Zeichen gemäß der Briefe von Johannes ist, was die Botschaft über Jesus Christus als Person sagt! Bei dieser zentralen Frage, wer Jesus Christus ist, sind wir uns hoffentlich alle einig. Er ist Gottes einziger Sohn, ganz Mensch und ganz Gott. Er ist für unsere Übertretungen ans Kreuz gegangen, gestorben und am dritten Tag auferstanden. Darauf legt Johannes den Fokus. Ich würde nie einem Evangelium vertrauen, welches nur in einem Punkt davon abweicht. Ich hoffe, du auch nicht!

Christen mögen in manchen Dingen nicht einer Meinung sein und Aussagen der Bibel unterschiedlich interpretieren, doch das Zeugnis des Heiligen Geistes, der in uns wohnt, ist unmissverständlich und klar. Jesus Christus, der auferstandene Sohn Gottes, ist der Anfänger und Vollender unseres Glaubens. Diese Tatsache ist das starke Band, das uns Christen zusammenhält. Johannes schreibt dazu:

Und so erkennt ihr den Geist Gottes: Jeder, der bekennt, dass Jesus Christus wirklich als Mensch auf die Erde gekommen ist, hat den Geist Gottes. Wer Jesus so nicht bekennt, gehört nicht zu Gott. In einem solchen Menschen ist der Geist des Antichristen. Ihr habt ja gehört, dass dieser Geist in die Welt kommen wird, und er ist tatsächlich schon da. 1. Johannes 4,1-3

KAPITEL 6

KEINE ENTSCHEIDUNGEN OHNE EMOTIONEN, WUSSTEST DU DAS?

Erstaunt dich diese Aussage, dass es keine Entscheidungen ohne *Emotionen gibt? Was sind Emotionen? Wie werden Emotionen gesteuert und was hat der Verstand (*Ratio) damit zu tun? Emotionen sind stets verbunden mit körperlichen und mentalen Reaktionen, zum Beispiel mit einem heißen Kopf, Magendrücken, beschleunigtem Puls oder angespannten Muskeln. Bei diesen Reaktionen handelt es sich um unbewusste Prozesse, mit denen sich der Organismus auf die Situation einstellen will. Nicht immer sind diese körperlichen Vorgänge hilfreich, häufig werden sie als unangenehm oder hinderlich empfunden, wenn man zum Beispiel in einer peinlichen Situation errötet und dadurch die Peinlichkeit noch weiter verstärkt.

Emotionen wirken nach außen und können von anderen wahrgenommen werden. Zum Beispiel durch eine veränderte Mimik und Gestik oder Änderungen der Stimmlage. Und schließlich mündet jede Emotion auch in eine Handlungsvorbereitung, auch wenn diese nicht immer zur Ausführung kommt.

Es gibt fünf Komponenten, die typischerweise, wenn auch nicht immer, zu einer Emotion dazugehören. Eine davon, die subjektive Komponente, ist das Gefühl.

Wie bereits erwähnt sind 95 Prozent unserer Entscheidungen nicht rational, sondern intuitiv und unbewusst.[10]

In den Augen vieler Forscher ist Vernunft ohne Gefühl nicht mehr denkbar. „Ratio" und „Emotio" werden nicht mehr als Gegensatz, sondern als Ergänzung verstanden. Es gibt Bereiche im Gehirn, die an emotionalen Vorgängen beteiligt sind. [11]Die *Amygdala gilt als das Gefühlszentrum schlechthin. Sie durchleuchtet permanent jede Situation auf ihren Gehalt und speichert emotionale Gedächtnisinhalte. Emotionen sind nicht nur Kopfsache, auch der Körper reagiert. Auf den Weg gebracht werden diese primär über die Hormone, die im *Hypothalamus ausgelöst und von der *Hypophyse ausgesandt werden. [12]Der *Hippocampus ist funktional beteiligt an den Gedächt-nisprozessen, aber auch an der räumlichen Orien-tierung. Veränderung in der Struktur des Hippocampus durch Stress werden mit Schmerzchronifizierung in Zusammenhang gebracht. Der Hippocampus spielt

---

[10] Vgl. „Schnelles Denken, langsames Denken" von Daniel Kahneman, veröffentlicht am 10.12.2012

[11] Vgl. „https://www.dasgehirn.info/grundlagen/anatomie/die-amygdala" von Dr. Brigitte Osterath

[12] Vgl. „https://www.dasgehirn.info/grundlagen/anatomie/der-hippocampus" von Dr. Helmut Wicht

du fühlst, wie du denkst – du denkst, wie du fühlst

ebenso eine wichtige Rolle bei der Verstärkung von Schmerz durch Angst.

Ein Leben ohne Gefühle ist für den Menschen kaum vorstellbar. Emotionen helfen dabei, Situationen einzuschätzen und Entscheidungen zu treffen. An dieser Stelle möchte ich daran erinnern, dass toxische Emotionen das Denken grundsätzlich erschweren. Besonders das rationale (langsame) Denken.

Im Folgenden findest du eine Auflistung von den fünf Komponenten der Emotion:

- *Subjektive Komponente (voreingenommen, unsachlich): Eine wahrgenommene Komponente der Emotion. Eine Emotion kann subjektiv erlebt werden und sich als Gefühl äußern.

- *Kognitive Komponente (denkend): Damit ist die bewusste, gedankliche Bewertung einer Situation gemeint.

- *Physiologische Komponente (physikalische, chemische und biochemische Vorgänge im gesamten Organismus): Damit ist die nicht willentlich steuerbare, also vom vegetativen Nervensystem autonom ausgelöste, körperliche Reaktion gemeint. (Zum Beispiel Schweißhände, Erröten aus Scham, Herzklopfen, unterschwellige körperliche Reaktionen usw.)

- *Ausdruckskomponente (Mimik, Gestik, Pantomimik, Motorik): Die Mimik verdeutlicht am stärksten die kommunikative Funktion der Emotion.

- *Verhaltenskomponente/Motiv (Reaktion auf etwas): Damit ist gemeint, dass der Mensch emotional angenehme Zustände anstrebt und emotional unangenehme Zustände vermeidet. Insofern geben Emotionen dem menschlichen Verhalten eine Richtung an. Wut begünstigt Angriff. Angst fördert Rückzug.

[13]Die Emotion und die körperliche Reaktion darauf sind untrennbar. Jedes Gefühl geht mit einer körperlichen Reaktion einher. Je intensiver die Gefühlsregung ist, umso deutlicher ist die Reaktion. Wir können lächeln oder lachen. Wir können sogar so lachen, dass uns die Tränen kommen. Wir weinen vor Freude, aus Rührung oder weil wir traurig sind.

Und natürlich können wir an diesen körperlichen Reaktionen auch erkennen, wie es anderen Menschen geht. Wir können sie nur anhand ihrer Körpersprache verstehen - ganz ohne Worte. Dieses Zusammenspiel zwischen unseren Gedanken, Emotionen und unserem Körper ist untrennbar miteinander verbunden. So wie Gefühle in unseren Körper hineinwirken, können wir auch umgekehrt mit bewussten Körperhaltungen unsere Gefühle beeinflussen. Beispielsweise lässt uns Angst oder Stress häufig zusammenkauern und unseren Körper verkrampfen. Wenn wir uns dessen bewusst werden, können wir uns aufrichten, tief durchatmen und uns besser fühlen. Untersuchungen konnten sogar zeigen, dass pessimistische Menschen,

---

[13] Vgl. „Planet Wissen, Emotionen" von Andrea Wengel, veröffentlicht am 10.12.2020

die mit einem miesepetrigen Gesicht unterwegs sind, einen weniger gut durchbluteten Rücken haben.

Gedankenmuster können ganz schön fies sein

Denn ich kenne ja die Gedanken, die ich über euch denke, spricht der HERR, Gedanken des Friedens und nicht zum Unheil, um euch Zukunft und Hoffnung zu gewähren. Jeremia 29,11

Im Folgenden geht es darum, wie Gedankenmuster entstehen und wie du sie verändern kannst.

Das möchte ich dir anhand meines Gedankenrades erklären. Es geht darum, zu verstehen, wie ein Gedanke zu einem *Glaubenssatz wird. Ein Gedanke entsteht durch eine subjektive, momentane Wahrnehmung, gefiltert durch unsere fünf Sinne.

Zunächst wird ein Gedanke durch eine Emotion in uns gespeichert. Wie bereits erwähnt, basiert eine Emotion in der Regel auf den fünf Komponenten (siehe oben). So entsteht ein Körpergefühl, wie zum Beispiel ein Kloß im Hals, Herzklopfen, plötzliche Hautrötungen, Schweißhände, zitternde Hände, kaum spürbare, körperliche Reaktionen usw.. Der Gedanke dringt über unseren Körper nach außen und schafft eine Erfahrung (Realität). Diese Erfahrung bestätigt den Gedanken und produziert dadurch einen „Glaubenssatz", wie zum Beispiel „Ich kann das" oder

„Ich kann das nicht". Die Wiederholung der Erfahrung verankert zunehmend den „Glaubenssatz" in uns. Kompliziert? Ich habe das Gedankenrad unten im Uhrzeigersinn skizziert.

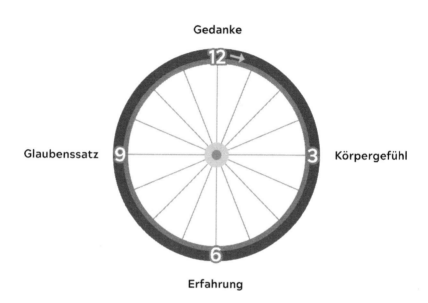

Merke:

Zunächst entsteht ein Gedanke im Menschen, den er im weiteren Verlauf fühlen kann. Das Gedachte und Erlebte dringt nun über den Körper nach außen und wird zu einer Erfahrung (Realität). So entsteht eine Annahme, Überzeugung oder ein „Glaubenssatz".

Übung

Was würde passieren, wenn du den Gedankenkreis

einmal vom Ende her betrachtest? Konkret: Frage dich, welche Erfahrung will ich machen? Welche Gedanken muss ich demzufolge zuvor gedacht/geglaubt haben?

du fühlst, wie du denkst – du denkst, wie du fühlst

„...dass sie Gott suchen, ob sie ihn vielleicht tastend fühlen und finden, obwohl er ja nicht fern ist von jedem von uns."
Apostelgeschichte 17,27

KAPITEL 7

TOXISCHE EMOTIONEN BETRACHTEN

Was betrübst du dich, meine Seele, und bist so unruhig in mir? Harre auf Gott! Denn ich werde ihm noch danken, dass er meines Angesichts Hilfe und mein Gott ist.
Psalm 42,12

In diesem Kapitel geht es um die vier toxischen Emotionen: Wut, Eifersucht, Unsicherheit und Traurigkeit. Mich interessiert, welche Verletzungen/Kränkungen hinter diesen Emotionen stecken.

Wie schön wäre es doch, wenn wir in unseren Beziehungen toxische Emotionen konkret ansprechen und selbst verstehen oder formulieren könnten, was uns wütend, traurig, unsicher oder eifersüchtig macht. Das Verständnis füreinander würde zunehmen und Beziehungen könnten tiefer gehen. Das Vertrauen würde wachsen und der Umgang miteinander wäre von Freiheit geprägt.

Wissenswertes:

Der heranwachsende Mensch ist von seinem Umfeld abhängig. Je mehr sich das eigene Selbst entwickelt, desto eigenständiger wird er und der Drang nach Unabhängigkeit nimmt zu.

Die Persönlichkeit des Menschen wird immer mehr sichtbar in der körperlichen Erscheinung, dem Verhalten sowie den Werten und Emotionen. Irgendwann muss er auch Verantwortung für sein Leben übernehmen.

Er muss verstehen, dass er für sein Denken, Fühlen und Handeln selbst verantwortlich ist. Emotionen sind immer subjektive Einschätzungen von Situationen, Menschen usw.. Sie entstehen im Menschen selbst und nicht durch andere.

Jeder Mensch muss an sich selbst arbeiten, um Dinge in seinem Leben ändern zu können. Leider gibt es viele Menschen, die ihre negativen Emotionen bewusst unterdrücken und meinen, damit wäre die Verletzung/Kränkung, die dahinter steckt, beseitigt. Dem ist nicht so.

Übung

· **Schritt 1:** Frage dich, durch welche Verletzung/Kränkung die jeweilige Emotion in dir hochkommt. (Wir sprechen hier von Wiederholungsverletzungen. Denn solange ein Schmerz unbewusst existiert, reagieren wir auf die ursprüngliche Verletzung/Kränkung)

- **Schritt 2:** Ich behaupte, dass einer negativen Emotion immer eine positive gegenübersteht. Frage dich, was du brauchst, um die positive Emotion in deinem Leben entwickeln zu können.

Emotion 1: Wut

Wut ist ein Zeichen dafür, dass gerade eine Grenzüberschreitung stattfindet. Frage dich, welche Grenze in dir gerade überschritten wird. Interessant ist, dass die Emotion „Wut" oft zeitverzögert in uns aufflammt. So kann es sein, dass wir erst dann wütend werden, wenn wir über eine vergangene Situation nochmals nachgedacht haben.

Wenn Wut (Schmerz aus indirekter Ablehnung) bei dir hochkommt, kann es sein, dass du dich nicht wertgeschätzt fühlst. Je heftiger deine Reaktion ist, desto größer ist die dahinter liegende Verletzung/Kränkung deines eigenen Wertes.

Es ist entscheidend, was du in diesem Moment von dir selbst hältst, bzw. wie du dich selbst wahrnimmst. Glaubst du in diesem Moment, dass du nicht genügst, dann wird die Reaktion dementsprechend heftig sein. Bist du jedoch davon überzeugt, allezeit wertvoll zu sein, wirst du nicht mehr mit Wut reagieren. Denke daran, dein Gegenüber erkennt nur einen Aspekt von dir und **NIE** deine ganze Persönlichkeit.

So kann dich dein Gegenüber auch **NIE** als ganze Persönlichkeit ablehnen. Nur Gott erkennt dich in deinem ganzen Sein und er hat dich ganz angenommen.

Der Herr ist mir erschienen von Ferne: Ich habe dich je und je geliebt, darum habe ich dich zu mir gezogen aus lauter Güte.
Jeremia 31,3

Herr, du durchschaust mich, du kennst mich durch und durch. Ob ich sitze oder stehe – du weißt es, aus der Ferne erkennst du, was ich denke. Ob ich gehe oder liege – du siehst mich, mein ganzes Leben ist dir vertraut. Schon bevor ich anfange zu reden, weißt du, was ich sagen will. Von allen Seiten umgibst du mich und hältst deine schützende Hand über mir. Dass du mich so genau kennst, übersteigt meinen Verstand; es ist mir zu hoch, ich kann es nicht begreifen! Psalm 139,1-6

Frage dich:

- Welche Grenze wurde in dir überschritten?
- Was in dir empfindest du als abgelehnt?
- Oder ist es vielleicht Angst, die dich wütend macht?
- Wenn ja, welcher Art ist diese Angst?
- Fühlst du dich als Person abgelehnt oder sind es Dinge, die du gemacht oder gesagt hast?
- Wovor „schützt" dich die Wut?
- Denke daran, du wirst dich höchstwahrscheinlich immer über die gleichen Dinge ärgern. Es wäre gut zu wissen, welche Dinge es sind.

du fühlst, wie du denkst – du denkst, wie du fühlst

Merke:

- Du musst lernen, die erhaltene Kritik von dir als Person abzukoppeln und nicht mehr als Angriff auf deinen Wert zu sehen.
- Lerne, konkret über diese Ablehnung zu sprechen und in Worte zu fassen. (Formuliere „Ich Botschaften" wie: „**Ich fühle** (nicht mit „Ich bin" formulieren) **mich wütend**", weil ich mich...)
- Setze bewusst Grenzen, wo du eine „Grenzüberschreitung" wahrgenommen hast.
- Frage dich, was du brauchst, um diese Wut ablegen zu können. Hier ist Selbstverantwortung gefragt (Denke daran, nur DU kannst etwas in dir ändern.)
- Wut macht deutlich, dass das Thema „Vergebung" in diesem Bereich angeschaut werden sollte.
- Bitte Gott darum, dir dabei zu helfen, Gelassenheit zu entwickeln.

Emotion 2: Eifersucht

Wenn man mit Eifersucht zu kämpfen hat, kann eine Lösung dafür sein, sich nicht mit anderen Menschen zu vergleichen. Vielleicht fühlst du dich im Vergleich mit anderen klein, schlecht, hässlich oder hilflos usw.. Versuche zu verstehen, was der Grund für deine Eifersucht ist.

Frage dich:

- Was genau macht dich ohnmächtig, hilflos, eifersüchtig?
- Kennst du dieses Gefühl aus deiner Kindheit? Wenn ja, bitte Gott um Heilung dieser Erfahrung.
- Wovor „schützt" dich diese Eifersucht?
- Wie kannst du mit Eifersucht selbstverantwortlich umgehen?

Merke:

- Wenn Eifersucht in dir aufsteigt, musst du von der Außensicht wegkommen.
- Lege den Fokus auf deinen Selbstwert, darauf, dass du wertvoll bist in Gottes Augen.
- Was brauchst du jetzt, um das Vertrauen in deine von Gott gegebene Bestimmung zu stärken?
- Entwickle und festige den Gedanken „Ich genüge".
- Bitte Gott konkret darum, deinen Selbstwert zu heilen.

Emotion 3: Unsicherheit

Hinter der Unsicherheit steckt das Gefühl der Ohnmacht/Hilflosigkeit. Dieses Gefühl kann zum Beispiel durch erlebten Kontrollverlust hervorgerufen werden. Dein Selbstwert wird dadurch geschwächt und das Selbstvertrauen angegriffen. Wer ist deiner Meinung nach die Person, die dein Selbstvertrauen stärken kann? Genau, du selbst bist es! Du darfst dir jederzeit zutrauen, Schritte zu tun. Du bist nicht ohnmächtig und hilflos.

> *Was ist der Mensch, dass du seiner gedenkst, und des Menschen Kind, dass du dich seiner annimmst? Du hast ihn wenig niedriger gemacht als Gott, mit Ehre und Herrlichkeit hast du ihn gekrönt.*
> Psalm 8,5-6

Frage dich:

- Was genau verunsichert dich?
- Fühlst du dich einer Situation oder einer Person unterlegen/nicht gewachsen?
- Fühlst du dich in deiner Persönlichkeit in Frage gestellt?
- Was passiert mit dem Vertrauen in dich selbst?
- Wovor „schützt" dich die Unsicherheit? (Vor Fehlern, Kritik, Versagen usw.? Dadurch, dass du dich aus Unsicherheit zurückziehst?)

Merke:

- Welche Ressource brauchst du konkret, um Sicherheit in dir zu entwickeln? Glaube, Hoffnung, Struktur usw.?
- Merke dir auch in der Unsicherheit folgenden Satz: „Ich genüge!"
- Wisse, Gott ist an deiner Seite. Du bist nie allein. (Psalm 23)
- Lege bewusst die Angst vor dem Versagen ab.
- Bitte Gott darum, dieses Gefühl des „Sicherseins" in dir und das „Ich genüge" zu stärken.

Emotion 4: Traurigkeit

Traurigkeit ist an sich nichts Negatives. Wer zum Beispiel einen geliebten Menschen verloren hat, trauert mit Recht. Trauer ist ein gesunder Verarbeitungsvorgang. Die Worte „Traurigkeit" und „Trost" werden in der Bibel oft verwendet. Gott selbst ist „der Gott allen Trostes". Er will die Trauernden trösten wie eine Mutter tröstet (Jesaja 66,13). Jesus lehrt sogar, dass die Trauernden glückselig sind. (Bergpredigt – Matthäus 5,4)

In diesem Abschnitt geht es jedoch um eine Traurigkeit, die sich ungerechterweise eingenistet hat und lähmt.

Ist diese Traurigkeit situativ oder kommt sie aus der Vergangenheit? (Wenn sie aus der Vergangenheit ist, wäre es Zeit, loszulassen.) Oder bist du betrübt über dein destruktives Verhalten? Wenn ja, was kannst du für dich tun? Du kannst vergeben, um Vergebung bitten, Schmerz und Enttäuschungen loslassen, Verluste akzeptieren, ehrlich hinsehen (keine Verdrängung), dich versöhnen, der Übertretung (Sünde) den Rücken kehren, klare Grenzen setzen, NEIN sagen lernen usw..

Oder bist du betrübt über das destruktive Verhalten eines anderen Menschen? Wenn ja, was kannst du tun, damit es ein Ende findet? Du kannst dich bewusst abgrenzen, die Person dabei unterstützen, Selbstverantwortung für ihr Leben zu übernehmen, keine Bürgschaft für andere eingehen (außer für Kinder unter 16 Jahren oder Menschen mit Einschränkungen, die Unterstützung benötigen).

Wenn dich jemand traurig macht, hast du keinen Einfluss darauf. Du kannst die Person nicht ändern, aber dich selbst kannst du ändern.

Frage dich:

- Was stimmt dich konkret traurig und weshalb?
- Benutzt du Traurigkeit, um Mitleid und Hilfe zu bekommen? Wenn es so ist, gehst du der Selbstverantwortung aus dem Weg.

- Wovor „schützt" dich die Traurigkeit genau? Ist sie Teil deiner Identität geworden?

Merke:

- Entscheide dich bewusst, die Traurigkeit abzulegen.
- Lege bewusst das Selbstmitleid ab und lass dich von Gott trösten.
- Was brauchst du konkret, damit sich Freude in dir ausbreiten kann?
- Bitte Gott darum, die Freude in dir zu stärken.

Wie bereits erwähnt, können sich hinter toxischen Emotionen Verletzungen/Kränkungen verstecken. Folgender Vergleich soll dich beim Umgang mit toxischen Emotionen unterstützen.

Frage: Wie würdest du mit einem weinenden Baby umgehen, das dir in die Arme gelegt wird? Sehr wahrscheinlich würdest du dich ihm liebevoll zuwenden und versuchen, sein Bedürfnis zu stillen, nicht wahr?

Ich vergleiche nun das verletzte und gekränkte ICH mit einem weinenden Baby, das auf sich aufmerksam machen will. Unser ICH möchte das gleiche mit negativen Emotionen erreichen, um Verständnis, Trost und Zuwendung von außen zu erhalten. Aber das wird nicht funktionieren. Der Mensch muss lernen, sich selbst um das gekränkte ICH zu kümmern, denn niemand anders wird es für ihn tun.

Merke:

Grundsätzlich bedeutet das, dass der Mensch mit seinen Emotionen in Verbindung stehen muss. Ob es nun „ungesunde" oder „gesunde" Emotionen sind, die bewusste Verbindung zwischen „Ratio" (Verstand) und „Emotio" (Gefühl) ist entscheidend. Es ist enorm hilfreich, die eigenen Emotionen besser verstehen zu lernen. Die eigene Persönlichkeit wird dadurch gestärkt. Wer seine Emotionen nachvollziehen und formulieren kann, wird von seinem Gegenüber besser verstanden. Das ist ein wichtiger Schritt, der Veränderung mit sich bringt. Außerdem wächst der Wunsch, heiler und gesünder zu werden. Dies beginnt Kreise zu ziehen. Denn mit dem „gesunden" der eigenen Emotionen, wird der Mensch in seinem Inneren heil und damit auch sein Verhalten, seine Erwartungen und Beziehungen.

Empathieübung

- Achte beim nächsten toxischen „Gefühlsausbruch" auf das „gekränkte ICH" in dir. Frage dich ganz bewusst, was dich verletzt hat und was du in diesem Moment brauchst. Was bringt dich wieder zur Ruhe? Ist es Gelassenheit, Freude, Liebe, Großzügigkeit, Toleranz, Sicherheit usw. womit du dich emotional selbst beschenkst?

- Formuliere ein kurzes Gebet zu Gott wie zum Beispiel:

> In Jesu Namen spreche ich den Frieden Gottes in meinen Gefühlssturm hinein und bitte dich HERR um deine Ordnung. Amen

Du herrschst über das ungestüme Meer; du stillst seine Wellen, wenn sie sich erheben.
Psalm 89,10

„Daran will ich denken und ausschütten mein Herz bei mir selbst."

Psalm 42,5a

KAPITEL 8

WENN ANGST ANKLOPFT

Denn Gott hat uns nicht einen Geist der Furcht gegeben, sondern einen Geist der Kraft, der Liebe und der Besonnenheit.
2. Timotheus 1,7

Der Begriff Angst hat sich seit dem 8. Jahrhundert aus dem indogermanischen Wort *anghu „beengend" entwickelt. Nicht umsonst kommt in der Medizin das Wort „Angina" vor. Die „Angina Pectoris" hat etwas mit Herzensenge, einem beklemmenden Schmerz in der Herzgegend und Verengung zu tun.

[14]Der Anblick einer Spinne oder ein huschender Schatten im Dunklen lassen blitzschnell die sensible Alarmanlage des Gehirns schrillen. Schweißausbrüche und nackte Angst sind die Folge. Oft ist es ein Fehlalarm. Doch das Gehirn korrigiert schnell.

---

14 Vgl. „https://www.dasgehirn.info/denken/emotion/der-schaltkreis-der-angst" von Hanna Drimalla

Ängste gehören grundsätzlich zum Leben. Wir können lernen, konstruktiv und bewusst mit ihnen umzugehen. Ängste sind grundsätzlich Hinweise darauf, dass der Mensch etwas für ihn Kostbares als bedroht empfindet oder sogar befürchtet, es zu verlieren. Es gibt verschiedene Formen von Ängsten wie zum Beispiel Bedenken, Zweifel, Besorgnis, Bedrohung, Terror usw..

Wie oben erwähnt können Ängste sehr unterschiedlich auftreten. Die gesteigerte Form von Angst zeigt sich beispielsweise durch ein Gefühl von Ohnmacht. Daraus resultieren Panik, bedrohliche Gefühle oder Phobien. In den Emotionen zeigt sich Angst durch Ohnmacht, Trauer oder Wut. Im Körper in der ersten Phase beispielsweise durch Schweißausbrüche, feuchte Hände, einem unsicheren Blick, einer gekrümmten Körperhaltung, Nervosität, Kopfschmerzen, einem trockenen Mund, erhöhtem Puls usw..

Diese körperlichen Reaktionen bereiten uns auf äußere Handlungen wie Flüchten, Kämpfen oder Erstarren vor.

Süchte können ebenfalls ein Ausdruck von Angst sein. Der Griff zur Flasche oder anderen Suchtmitteln soll den Angstzustand kurzzeitig eindämmen.

Der Mensch hat im Leben mit Ängsten, Sorgen und Zweifeln zu kämpfen. Bevor ich aufzeige, wie man Ängsten begegnen kann, möchte ich kurz erklären, wie Ängste im Menschen wahrgenommen werden.

Kämpfe den guten Kampf des Glaubens, ergreife das ewige Leben, zu welchem du berufen bist und worüber du das gute Bekenntnis vor vielen Zeugen abgelegt hast.
1. Timotheus 6,12

Wissenswertes:

Angst wird entweder in der Vorstellung geboren, übertragen oder stützt sich auf eine Erfahrung. Letzteres braucht seelische Heilung, die ersten beiden Aspekte lediglich die Erkenntnis und Befreiung. Zuerst möchte ich die Kraft der Vorstellung erklären. Der Mensch ist in der Lage, in seiner Vorstellung Szenarien, innere Bilder usw. zu „erschaffen".

Das bedeutet, dass er sich durch angstvolle Gedanken, beängstigende Situationen ausmalen kann. Das Gedankenrad beginnt sich zu drehen und damit wird die Vorstellung immer realer. Das Problem liegt nun darin, dass das Unterbewusstsein bei angstvollen Gedanken nicht unterscheiden kann, ob die Angst bebegründet ist oder nicht.

Ängste haben aber auch etwas Gutes. Sie helfen beispielsweise dabei, sich nicht bewusst in Gefahr zu begeben oder schaffen eine nötige Distanz. Sie können brachliegendes Entwicklungspotenzial im Menschen aufzeigen, aber auch blockieren. Deshalb ist es wichtig, mit Ängsten konstruktiv umzugehen.

Merke:

Ängste können drei Reaktionen hervorrufen:

Kämpfen · Fliehen · Erstarren

- Kämpfen im konstruktiven Sinne bedeutet, aktive und verantwortungsvolle Schritte zu tun. Kämpfen im destruktiven Sinne hat leeren Aktivismus und aggressive Reaktionen zur Folge.

- Fliehen im konstruktiven Sinne bedeutet, sich nicht bewusst in Gefahr zu begeben. Fliehen im destruktiven Sinne bedeutet, sich Süchten hinzugeben oder zu grübeln.

- Erstarren im konstruktiven Sinne bedeutet, in der Erstreaktion Distanz zu schaffen. Erstarren im destruktiven Sinne bedeutet, zu resignieren oder zu verzweifeln.

Übung

- **Frage 1:** Wie reagierst du grundsätzlich auf Ängste? Mit Kämpfen, Fliehen oder Erstarren?

- **Frage 2:** Welche Reaktion auf Ängste hast du bis jetzt gewählt? Die destruktive oder die konstruktive?

- **Frage 3**: Spricht die Angst aus einer Erfahrung heraus? Wenn ja, bitte Gott um Heilung von dieser Verletzung und ein neues gesundes Vertrauen in Gott sowie in dich selbst.

- **Frage 4**: Spricht die Angst aus eigener Vorstellung heraus? Wenn ja, aus welcher? Lege diese Gedanken der Angst bewusst ab und sei achtsam.

- **Frage 5**: Spricht die Angst aus einer Übertragung heraus? Wenn ja, von wem hast du diese Angst übernommen? Lege diese Gedanken der Angst bewusst ab.

Lerne bewusst, die Emotionen hinter der Angst in dir wahrzunehmen. Hast du beispielsweise Angst, weil du überfordert, voller Wut, Trauer oder Ohnmacht bist? Dann wirst du spüren, wie sich dein Körper „zusammenzieht". Eine schlechte Körperhaltung, zusammengezogene Schultern, Klos im Hals, Schweißhände, plötzliche Hautrötungen, Herzklopfen, Kopfschmerzen, trockener Mund, Nervosität usw. können die Folge sein. Eine veränderte Körperhaltung könnte dich dabei unterstützen, aus diesem destruktiven Körpergefühl herauszukommen. Aber auch einfache Körperübungen (mindestens 2 Minuten) oder tiefes Ein- und Ausatmen.

Bist du dir der Gegenwart des Heiligen Geistes und seiner Möglichkeiten in dir bewusst, kannst du über dich selbst hinauswachsen. Du wirst dir mehr zutrauen und selbstbewusster auftreten.

Wenn dir bewusst ist, dass dein Körper ein Tempel des Heiligen Geistes ist, kannst du auch seine Impulse wahrnehmen (1. Korinther 6,19). Wenn du auf seine Impulse eingehst, können sie das eine oder andere Körpergefühl in dir hervorrufen und deine Entscheidung entsprechend beeinflussen.

- **Frage 6:** Frage dich bewusst, woher die Impulse stammen. Ist Angst der Ursprung oder der Heilige Geist, der dich unterstützen möchte?

Beachte:

Gottes Gegenwart ist unabhängig von deinen Gefühlen. Er ist immer da, egal wie du dich fühlst. Wenn du eine Entscheidung treffen musst, komm zuerst zur Ruhe und warte, bis sich deine Emotionen gelegt haben. Bewege deine Anliegen vor Gott und er wird dir antworten und zwar so, dass du es verstehen kannst.

Rat:

Wenn du übersteigerte Ängste verspürst, welche dich in deinem persönlichen Leben einschränken, dich unfrei, panisch oder zwanghaft werden lassen, ist es wichtig, dass du dir professionelle Hilfe bei einer Fachperson holst.

„Denn Gott hat uns nicht einen Geist der Furcht gegeben, sondern einen Geist der Kraft, der Liebe und der Besonnenheit."

2. Timotheus 1,7

du fühlst, wie du denkst – du denkst, wie du fühlst

KAPITEL 9

TOXISCHE GEDANKEN ENTGIFTEN

Der Change ist ganz einfach

Deshalb orientiert euch nicht am Verhalten und an den Gewohnheiten dieser Welt, sondern lasst euch von Gott durch Veränderung eurer Denkweise in neue Menschen verwandeln. Dann werdet ihr wissen, was Gott von euch will: Es ist das, was gut ist und ihn freut und seinem Willen vollkommen entspricht. Römer 12,2

Nun zeige ich dir einen *Booster, der eine bessere Verbindung zwischen deiner „Ratio" (Verstand) und „Emotio" (Gefühl) möglich macht. Das ist besonders spannend, weil dadurch die Freiheit im Leben eines Menschen gefördert wird. Du weißt aus dem dritten Kapitel, dass Werte für den Menschen besonders wichtig sind. Die Werte sind der vierten Ebene des bewussten Wahrnehmens zugeordnet. Erinnerst du dich an deine persönlichen fünf Werte? Diese Werte wirst du in deinem Leben verteidigen und beschützen. Natürlich wirst du darüber hinaus die essentiellen Werte des Menschen bezüglich seiner Identität, Zugehörigkeit und Sinnhaftigkeit verteidigen wollen.

Wird eine dieser drei Ebenen in irgendeiner Form angegriffen, läuft automatisch etwas im Menschen ab. Es geht hier um eine Strategie, die sowohl destruktiv, als auch konstruktiv sein kann.

In sechs Schritten wollen wir uns nun diesen Strategien nähern, die ich vereinfacht „Glaubenssätze" nennen will. Die konstruktive Art, Herausforderungen zu begegnen, wäre die Anwendung eines positiven Glaubenssatzes. Die destruktive Art bedient sich der erlebten Verletzungen/Kränkungen. Es sind hauptsächlich die negativen/toxischen Glaubenssätze, die den Menschen indirekt steuern. Die positiven Glaubenssätze bilden das Gegenstück dazu. Die Bibel nennt es „Fleisch und Geist" (natürliches und geistliches Leben).

Übung

Schritt 1: Nimm ein aktuelles Problem oder eine Konfliktsituation aus deinem Alltag.

Frage dich, welcher Wert nach deinem Empfinden angegriffen wurde.

Subjektives Beispiel:

Problem/Konflikt: Meine Arbeit wurde kritisiert.

(Beziehe ich die Kritik an meiner Arbeit auf mich persönlich, bin ich nicht mehr in der Verhaltensebene, welche vom Kritiker angesprochen wurde, sondern in der Identitätsebene und empfinde es als Verletzung meiner Person. Würde ich die Kritik nicht persönlich nehmen, gäbe es emotional keine destruktive Reaktion.)

Wert: Liebe (Selbstwert, Liebe zu mir selbst)

Emotion: Ich fühlte mich wütend und anschließend traurig.

Du bist dran:

Dein Problem/Konflikt:

Dein Wert:

Deine Emotion:

Schritt 2: Was sagt diese Emotion über dich selbst aus?

Beispiel:

Emotion: Die Wut zeigt mir, dass ich mich in meinem Wert herabgesetzt fühlte. Die Traurigkeit zeigt mir meine Enttäuschung über mich selbst und mein Versagen.

Du bist dran:

Was sagt deine Emotion über dich aus:

Schritt 3: Reflektion

Beispiel:

Was passiert mit deinem Wert? Was lässt ihn wachsen und was kleiner werden?

Frage dich, welchen positiven/gesunden Glaubenssatz du denken solltest, damit dein Wert wachsen kann. Welcher negative/ungesunde Glaubenssatz lässt deinen Wert kleiner werden. **Achtung:** Der Satzanfang soll beim positiven Glaubenssatz gleich formuliert werden wie beim negativen. Zum Beispiel „Ich bin…" „Ich kann…" „Ich habe…" Versuche es zunächst mit „Ich bin…". Kannst du dich noch nicht so sehen, gehe weiter zu „Ich kann…" „Ich habe…". Warum solltest du mit „Ich bin…" anfangen? Dieser Satzbeginn zielt auf deine Identitätsebene ab. „Ich kann…" „Ich habe…" zielen auf die Ebene des Verhaltens und der Fähigkeiten ab. Die Verletzung/Kränkung hat jedoch meistens in der Identitäts-, Zugehörigkeits- oder der Sinnhaftigkeitsebene stattgefunden. Deshalb sollten wir sie auch dort aufheben. (Siehe Kapitel 3 „Logische (Neurologische) Ebenen")

Wert: Den Wert Liebe lasse ich selbst kleiner werden, wenn ich mich in meinem Selbstwert erniedrigt fühle und wachsen, wenn ich bei mir bleibe. Wenn ich mir bewusst bin, dass ich mein Bestes gegeben habe. Ich bin genug.

Du bist dran:

Was lässt deinen Wert wachsen oder kleiner werden werden?

Dein Wert:

Schritt 4: Glaubenssatz suchen und finden.

Beispiel:

Wert: Liebe (zu mir selbst)

Welcher positive/gesunde Glaubenssatz lässt den Wert wachsen:

Ich bin genug, auch wenn ich Fehler mache!

Welcher negative/ungesunde Glaubenssatz lässt den Wert kleiner werden:

Ich bin wertlos.

Du bist dran:

Dein Wert:

Welcher positive/gesunde Glaubenssatz lässt deinen Wert wachsen:

Welcher negative/ungesunde Glaubenssatz lässt deinen Wert kleiner werden:

Schritt 5: Den positiven/gesunden Glaubenssatz festigen.

> Vater Gott, ich danke dir im Namen Jesu Christi, dass du diesen positiven Glaubenssatz, der meinen Geist stärkt, in mir festigst. Du gibst mir Kraft, diesen (positiver Glaubenssatz) ... in Freiheit zu leben. Ich ziehe bewusst den neuen Menschen (Geist) in diesem Bereich an und bin entschieden, darin zu leben. Ich entscheide mich, beim nächsten Konflikt, auf meine Emotionen zu achten und bei mir zu bleiben. Ich danke dir Jesus, dass du mir dabei hilfst und mich in alle Wahrheit führst. Im Namen Jesu. Amen

Schritt 6: Den negativen/ungesunden Glaubenssatz aufheben.

Um die Verbindung zum negativen Glaubenssatz aufzuheben, wäre es hilfreich, wenn du dir überlegst, wer dir dieses Verhalten und damit das Denken dahinter vorgelebt hat. Was denkst du, wer es dir vorgelebt hat, deine Mutter oder dein Vater - und wenn du nicht bei den Eltern aufgewachsen bist, die Erziehungsperson?

Löse Dich bewusst von diesem ungesunden Verhalten. Dabei kann es sich beispielsweise um ein negatives Verhalten deiner Mutter handeln, welches du als negative Strategie übernommen hast. **Beachte:** Hier geht es nicht um Schuld. Es geht lediglich um das, was du übernommen hast. Alles andere zwischen euch darf so bleiben.

Nutze das untenstehende Gebet für den Ablösungsprozess oder formuliere selbst ein Loslösegebet.

> Vater Gott, im Namen Jesu trenne ich mich von (toxischer Glaubenssatz) ... und damit von dem Teil des alten Menschen in mir, der mir in diesem Bereich vorgelebt wurde. Ich lege ab, mich als Opfer meiner Vergangenheit zu sehen. Ich erkenne, dass dies der alte Mensch (Fleisch) in mir ist, der mit und durch Jesus gestorben ist. Jesus, ich erlaube, dir diese Verletzung zu heilen. Ich bin entschieden im neuen Menschen (Geist) zu leben. Ich habe erkannt, dass ich mich selbst um meine Zufriedenheit und den inneren Frieden kümmern darf. Im Namen Jesu. Amen

Wissenswertes:

Dein positiver/gesunder Glaubenssatz steht für das Leben des neuen Menschen (Leben im Geist). Der toxische/ungesunde Glaubenssatz steht für das Leben des alten Menschen (der natürliche Mensch ohne Gott).

Diese Anleitung funktioniert übrigens mit jedem beliebigen Problem/Konflikt.

Ich hoffe, diese Übung hat gute Emotionen in dir hervorgerufen. Merke dir den neuen, positiven Glaubenssatz.

**WERT:
LIEBE/SELBSTLIEBE**

ICH BIN GENUG

↑

**GEDANKE MACHT
DEN WERT GRÖSSER**

ICH BIN WERTLOS

↓

**GEDANKE MACHT
DEN WERT KLEINER**

du fühlst, wie du denkst – du denkst, wie du fühlst

„Freundliche Worte sind wie Honig – süß für die Seele und gesund für den Körper."
Sprüche 16,24

KAPITEL 10

SELBSTVERANTWORTUNG, UNIKATE & NEUE FREIHEITEN

Der Mensch tut sich grundsätzlich schwer, Selbstverantwortung für sein Handeln zu übernehmen. Es ist jedoch entscheidend für ein Leben in Freiheit. Die Tatsache, dass du dieses Buch bis hierher durchgelesen hast, zeigt, dass du dich entwickeln und wachsen willst. Großartig!

Selbstverantwortung bedeutet, das eigene Leben selbst in die Hand zu nehmen, bewusste Entscheidungen zu treffen und damit konkret Einfluss zu nehmen.

Der Mensch entscheidet selbst, in welche Richtung es für ihn unter den Lasten des Lebens geht. Letztlich ist entscheidend, was er aus den Umständen macht. Selbstverantwortung bedeutet, Verantwortung für das eigene selbstständige Handeln zu übernehmen, egal welche Konsequenzen es hat.

Oft sind es die Umstände oder andere Menschen,

denen er die Schuld gibt. Wie zum Beispiel dem eigenen Partner, Kollegen oder Arbeitgeber. Wer selbstverantwortlich handelt und denkt, muss sich der Verantwortung stellen, die Konsequenzen seines Handelns erkennen und dafür geradestehen.

Das gleiche gilt für Versäumnisse. Wenn du etwas nicht gemacht hast, das du aber hättest tun sollen, wird das ebenso Konsequenzen haben. Zum Beispiel, wenn du eine Bewerbung auf eine Arbeitsstelle aus Angst, abgelehnt zu werden, nicht abschickst, wirst du die Stelle nicht bekommen.

Merke:

- Du bist für deine Gefühle, egal ob schlecht oder gut, selbst verantwortlich.
- Setze dich für das, was du erreichen willst, selbst ein.
- Respektiere deine eigenen Grenzen und fördere dein Wohlbefinden.

Übernimm Verantwortung für dich selbst, deine Handlungen, Entscheidungen sowie deine subjektiven Gefühle und Emotionen. Das ist der Schlüssel, um in deine neue Freiheit zu kommen. Wahrscheinlich wird es dich herausfordern und manchmal richtig unangenehm werden. Der Lohn für deine Bemühungen wird groß sein. Neue Freiheiten warten auf dich. Du wirst deine eigene Würde und die deiner Mitmenschen klarer erkennen, an innerer Reife und Weisheit zunehmen und den Frieden Gottes stärker erfahren.

Tipp:

- Bekenne Gott deine Fehler und bitte ihn um Vergebung. Er wird dich dadurch auch von Scham befreien. Wichtig dabei ist: Mache wieder gut, was in deiner Macht steht. Danach fällt es dir leichter, zu Fehlern und Schwächen zu stehen.
- Treffe deine eigenen Entscheidungen und vertraue bewusst deiner eigenen Urteilsfähigkeit, deinen Begabungen und Talenten usw.. Vertraue Gott ebenso darin, dass du durch ihn und sein Vertrauen in dich, getragen wirst.
- Drücke dich korrekt aus. Dies ist tatsächlich ein sehr effektiver Weg zu mehr Selbstverantwortung. Konkret heißt das, aus der „Ich-Perspektive" heraus zu sprechen. „Ich habe..., Ich wollte... oder Ich werde..." sind eindeutige Formulierungen, mit denen du gezielt dich selbst einbeziehst und zu einer Sache bekennst.
- Verzichten solltest du hingegen auf das allgemeine „man" und das übergreifende „wir". Je unpersönlicher deine Sprache ist, desto weniger fühlst du dich verantwortlich. Du machst es dir damit viel leichter, die Schuld bei jemand anderem zu suchen.

Nun möchte ich mit dir in der Selbstverantwortung noch ein Stockwerk tiefer gehen und das „Opferdasein" beenden. Mit anderen Worten, wir gehen dem menschlichen Ego an den Kragen. Das wird heute zur „Schlachtbank" geführt. Ich habe selbst erlebt, wie enorm wirksam das ist. Ich erinnere mich sehr gut an den Tag, an dem ich mein „Opferdasein" zum „Schlachter" brachte. (Das will etwas heißen, bin ich doch seit 35 Jahren überzeugte Vegetarierin) Das hat mir mein Ego ganz schön übel genommen. Spaß beiseite. Ganz im Ernst, da liegt wirklich Dynamit drin. „Here is the deal":

Du bist kein Opfer mehr! So einfach ist das. Das ist vorbei. Damit ist Schluss. Jesus ist das Opfer und dieses Opfer kann man nicht toppen. Die Bibel sagt dazu:

> *Und was ihm den Weg ins Heiligtum öffnete, war nicht das Blut von Böcken und Kälbern, sondern sein eigenes Blut. Ein einziges Mal ist er hineingegangen, und die Erlösung, die er bewirkt hat, gilt für immer und ewig.*
> *Hebräer 9,12*

Jesaja hat diese gewaltigen Worte in prophetischer Voraussicht gesagt:

> *Aber er ist um unserer Missetat willen verwundet und um unserer Sünde willen zerschlagen. Die Strafe liegt auf ihm, auf dass wir Frieden hätten, und durch seine Wunden sind wir geheilt.* *Jesaja 53,5*

Der Verstand begreift diese Worte relativ schnell. Die von Selbstmitleid getränkten Gedankengänge und die dadurch ausgelösten toxischen Emotionen hinken erfahrungsgemäß hinterher, bis sie auffliegen.

Wissenswertes:

Opfermentalität ist Selbstmitleid. Roman Siewert, Pastor und Seelsorger, sagte jeweils: „Selbstmitleid ist Weinen an der Brust Satans". Ziemlich unverblümt, nicht wahr?

Nun stellt sich die Frage, wie du dieses „Opferdasein" loswerden kannst.

Gestehe dir zunächst ein, dass du mitunter gerne ein Opfer warst. Denn als Opfer musst du zum Beispiel keine Verantwortung übernehmen. Du bist nie schuld und musst dich nicht rechtfertigen, wenn du etwas nicht machen willst. Brauchst immer Hilfe, fühlst dich nicht in der Lage und nicht lebensfähig. Empfindest das Leben als ungerecht, fühlst dich übergangen usw..

Übung

· **Schritt 1:** Gibt es Erlebnisse in deiner Vergangenheit, die dir das Gefühl gaben, keine Kontrolle mehr über eine Situation, Umstand oder dich selbst zu haben? Hast du dich dabei ohnmächtig gefühlt? Notiere es hier: (Bitte Gott um Offenbarung (Erinnerung an Erlebnisse). Denke daran, dass 99 Prozent unserer Wahrnehmung unbewusst sind.)

- **Schritt 2**: Wenn du den Grund deiner Ohnmacht erkannt hast, geht es darum, zu verstehen, von wem du diese Strategie (Ohnmacht/Kontrollverlust) übernommen hast. Oft übernehmen wir Verhaltensmuster und Strategien von Menschen, die uns nahe stehen. Eine Überlegung wäre deshalb, ob deine Mutter oder dein Vater dieses Ohnmachtsgefühl gelebt haben (wenn du nicht bei deinen Eltern groß geworden bist, frage dich, welche Erziehungsperson dir das vorgelebt hat?)

- **Schritt 3**: Löse dich bewusst von diesem ungesunden/destruktiven Verhalten. (Beispielsweise von dem Verhalten deiner Mutter oder deinem Vater, welches du als negative Strategie übernommen hast. Alles andere zwischen euch darf bleiben.)

Nutze das untenstehende Gebet für den Ablösungs-prozess oder formuliere selbst ein Loslösegebet.

> Vater Gott, im Namen Jesu trenne ich mich von diesem Ohnmachtsgefühl (Kontroll-verlust), das mir ... vorlebte. Ich lege ab, mich als Opfer meiner Vergangenheit zu sehen. Ich erkenne, dass dies der alte Mensch (Fleisch) in mir ist, der mit und durch Jesus gestorben ist. Jesus, bitte heile diese Kränkung in mir. Ich bin entschieden, im neuen Menschen (Geist) zu leben. So entscheide ich mich ebenso, in Selbst-verantwortung zu agieren und meine Aussagen in Zukunft selbstverantwortlich zu formulieren. Das bete ich im Namen Jesu. Amen

Wissenswertes:

[15]Als Eigenverantwortung oder Selbstverantwor-tung bezeichnet man die Bereitschaft und die Pflicht, für das eigene Handeln und Unterlassen Verant-wortung zu übernehmen. Das bedeutet, dass man für das eigene Tun und Unterlassen einsteht und die Konsequenzen, etwa in Form von Sanktionen, dafür trägt.

---

[15] Vgl. Wikipedia: „Eigenverantwortung"

Unikate

Im Anfang schuf Gott Himmel und Erde. Und die Erde war wüst und öde, und Finsternis lag auf der Urflut, und der Geist Gottes bewegte sich über dem Wasser. Da sprach Gott: Es werde Licht! Und es wurde Licht.
1. Mose 1,1-3

Der Schöpfer erschuf alle Dinge als Unikate aus dem Nichts. Der Mensch hingegen schaut ab und lernt lediglich von der Schöpfung, da er selbst nichts erschaffen kann.

Wie in diesen Versen beschrieben, bewegte sich der Geist Gottes über dem Wasser und sprach: „Es werde Licht", so wurde es Licht. Genau so bewegt sich der Geist Gottes heute über dir. Der Heilige Geist prophezeit über und durch dich. Immer und zu jeder Zeit. Ob du das Gefühl hast, prophetisch zu sein oder nicht, die Realität ist, der Geist Gottes wirkt durch den neuen Menschen (Geist). Menschen, die nicht von neuem geboren wurden durch Jesus Christus, haben hier keinen Zugang. Die Bibel beschreibt sie als seelische Menschen, die nicht in der Lage sind, Geistliches von Gottes Geist anzunehmen.

Prophetisch Denken bedeutet daher, Dinge nicht schön, sondern aus Gottes Geist heraus zu denken.

„Glaube ist, dass das Ich, während es Ich ist und Ich sein will, sich transparent in Gott gründet."

Søren Aabye Kierkegaard
Theologe & Philosoph

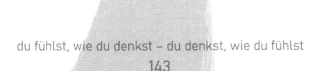

Wir aber haben nicht den Geist der Welt empfangen, sondern den Geist aus Gott, so dass wir wissen können, was uns von Gott gegeben ist; und davon reden wir auch, nicht in Worten, die von menschlicher Weisheit gelehrt sind, sondern in solchen, die vom Geist gelehrt sind, indem wir Geistliches geistlich beurteilen. Der seelische Mensch aber nimmt nicht an, was vom Geiste Gottes ist; denn es ist ihm eine Torheit, und er kann es nicht verstehen, weil es geistlich beurteilt werden muss. Der geistliche Mensch aber erforscht alles, er selbst jedoch wird von niemand erforscht; denn wer hat des Herrn Sinn erkannt, dass er ihn belehre? Wir aber haben Christi Sinn.
1. Korinther 2,12-16

Übrigens, wusstest du, dass dein Unterbewusstsein nicht zwischen „real erlebt" und „nur vorgestellt" unterscheiden kann? Das ist erstaunlich. Wir haben das den Spiegelneuronen zu verdanken. Das bedeutet, dass das Denken dafür angelegt ist, durch den Geist Gottes im neuen Menschen Prophetisches hervorzubringen.

Ich will aber, dass ihr alle in Sprachen redet, vielmehr aber, dass ihr prophetisch redet. 1. Korinther 14,5

du fühlst, wie du denkst – du denkst, wie du fühlst

Konkret:

Alles, von dem du annimmst, dass es ist, wird zuerst in der Körperebene zu deiner gefühlten Wirklichkeit. Wenn du häufig das gleiche denkst, manifestiert es sich im Körpergefühl, wird zur Erfahrung und somit zur Wirklichkeit. Je weiter deine Vorstellung (deine Wahrheit) von Gottes Wahrheit entfernt ist, desto mehr Zeit braucht es, bis sie zu deiner Realität (Wahrheit) wird.

Beachte, dass [16]eine Nervenzelle im Gehirn eines Primaten beim „Betrachten" eines Vorgangs das gleiche Aktivitätsmuster aufweist wie bei der „eigenen" Ausführung.

Wissenswertes:

Nur weil ich etwas denke und dann fühle, ist es noch nicht prophetisch! Zumindest spiegelt es nicht das Reich Gottes wider. Es ist umgekehrt. Gott benutzt diese Mechanismen, um uns umzugestalten. Großartig, nicht wahr? Jedoch darf das Prophetische nicht von Gott und seinem Wort abgekoppelt werden. Prophetisches Denken soll unter Gebet vom Heiligen Geist inspiriert, geleitet und mit der Bibel in Einklang stehen. Alles andere wird zur eigenen seelischen Religion und ist somit für Inspirationen jeglicher Art offen.

Die Anbindung des Unterbewusstseins an einen durch Glaube und Busse wiedergeborenen Geist, muss klar gegeben sein, wenn es nicht in das Okkulte ab-

---

[16] Vgl. Wikipedia: „Spiegelneuronen"

driften soll. Die unerlöste Seele ist in der Dunkelheit und „tot in der Beziehung zu Gott". Der Geist des Menschen ist zwar lebendig, aber in der Verbindung zum Schöpfer noch getrennt. Die Seele ist zwar offen für Inspirationen, Impulse usw. und in diesem Sinne auch prophetisch, jedoch unabhängig von Gott. Diese Unabhängigkeit führt den Menschen in eine Sackgasse. In der folgenden Übung zeige ich dir drei Schritte auf.

Übung

- **Schritt 1:** Prophezeie die Sicht Gottes in und über deinem Leben. Rufe durch deine Gedanken herbei, was noch nicht ist und werden darf. Was sagt die Bibel über dich? Schreibe dir Bibelverse auf einen Zettel und beginne damit, diese als übergeordnete Wahrheit in dir aufzunehmen und über dich „nachzusinnen". Immer und immer wieder, bis Gottes Wahrheit zu deiner Wahrheit geworden ist.

- **Schritt 2:** Sieh deine jetzige Realität (momentane Situation) als Start und nicht als Ende. Lerne vom

Ende her zurückzuschauen und zu denken, als ob
es schon da wäre. (Wir sehen auf das Kreuz zurück,
wo die Auferstehungskraft für uns sichtbar und
durch den Glauben zu einem *Kairos Moment
wurde. Sonst hätten wir Jesus nie als Erlöser
erkannt.)

- **Schritt 3**: Nutze eine tiefere Ebene der Fürbitte,
  indem du in Missstände und Nöte hineinsprichst
  und dir in der Vorstellung ausmalst, wie sich der
  Missstand zum Guten hin entwickelt unter der
  Gunst Gottes.

Merke:

Der dreieinige Gott ist der Schöpfer. Du und ich sind

seine Kinder, die prophetisch Leben in Existenz rufen sollen. (Je weiter deine Vorstellung von deiner jetzigen Realität entfernt ist, desto mehr „Zeit" braucht es, bis sie zur Realität wird.)

Glücklich bleiben

Die Frucht des Geistes aber ist Liebe, Freude, Frieden, Geduld, Güte, Rechtschaffenheit, Treue, Sanftmut, Selbstbeherrschung. Galater 5,22

Es kann Dinge im Leben geben, die schwierig sind. (Viele Menschen haben zum Beispiel Angst vor dem nächsten Tag...) Gott hat uns nie verheißen, ohne Probleme ans Ziel zu kommen. Jedoch versprach er, bei uns zu sein bis ans Ende der Welt. Deshalb konzentriere dich auf das, was du beeinflussen kannst.

Dieses Buch fordert dich besonders deshalb heraus, weil es persönliche Veränderung zum Ziel hat. Das ist anstrengend und schleift an der Persönlichkeit. Denke daran, erst der Schliff macht den Diamanten kostbar. Somit liegt es an dir. Das „Glücklichsein" übrigens auch!

Jeder Mensch hat einen bestimmten Bereich, den er beeinflussen kann. Alles andere liegt außerhalb seiner Kontrolle.

Wissenswertes:

Unser Blick kann auf Mangel oder Überfluss ausgerichtet sein. Jesus sagt von sich, dass er das überfließende Leben ist. Worauf schaust du? Siehst du auf das Schlechte oder das Gute, die Gefahr oder die Chance? Alles im Leben hat zwei Seiten, eine positive und eine negative.

Die große Frage, die sich hier stellt, ist, wie du auf die Außenwelt reagierst. „Pro-aktiv" (in Selbstverantwortung (Leben im neuen Menschen - Geist)) oder „Re-aktiv" (auf einen Reiz reagierend (Leben im alten Menschen - Fleisch))? Was hat das nun mit deinem „Glücklichsein" zu tun? Extrem viel! Du kannst dein Leben vereinfachen, indem du dich disziplinierst, auf der Seite des neuen Menschen (Leben im Geist) zu wandeln.

Übung

Lies bitte folgenden Vers und nimm dir einen Stift. Notiere dir, was du in jemandem siehst, der in deinen Augen diese „Freude" lebt.

Die Frucht des Geistes aber ist Liebe, **Freude**, *Frieden, Geduld, Güte, Rechtschaffenheit, Treue, Sanftmut, Selbstbeherrschung.* Galater 5,22

Frage:

- Wie ist ein fröhlicher Mensch in deinen Augen? Welche Evidenzen (Offensichtlichkeiten) zeigt die Person?

- Wie verhält sich diese Person? Wie sehen ihre Augen aus, ihr Mund, ihre Körperhaltung. Wie laut ist ihre Stimme? Wie bewegt und zeigt sie sich in der Gruppe usw.?

- ...und wie äußert diese Person ihre Freude? Wie ist die Person für dich in dem Moment?

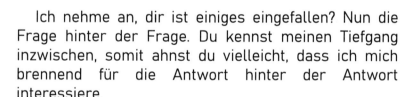

Ich nehme an, dir ist einiges eingefallen? Nun die Frage hinter der Frage. Du kennst meinen Tiefgang inzwischen, somit ahnst du vielleicht, dass ich mich brennend für die Antwort hinter der Antwort interessiere.

Worauf ich hinaus möchte ist, wie sich die Freude (Teil der Frucht des Geistes) in dir selbst zeigt? Wie ist es mit der Freude bei dir selbst? Wie glücklich und zufrieden bist du beispielsweise mit deinem Körper, Charakter und deinen Begabungen. Gar nicht so einfach, nicht wahr?

du fühlst, wie du denkst – du denkst, wie du fühlst

Konkret:

Die Frucht des Geistes ist eine Frucht, die Gott wachsen lässt. Sie hat nichts mit deiner Leistung zu tun, sondern ist ein geistliches Prinzip.

> *Ich bin der Weinstock, ihr seid die Reben. Wer in mir bleibt und ich in ihm, der bringt viel Frucht, denn ohne mich könnt ihr nichts tun.* Johannes 15,5

Die Frucht des Geistes reift in dem Maße in mir heran, wie ich in Gott bin und ER in mir ist. Klasse, was? Da geht ein Scheunentor im Denken auf.

Das bedeutet, dass die Frucht des Geistes in uns angelegt ist und wir uneingeschränkten Zugang haben. Das Einzige, was jetzt im Weg stehen könnte, ist Unglaube.

Falls dies so sein sollte, gibt es nur eins:

CHANGE YOUR MIND

Okay, um das Ding rund zu machen, zurück zu „Pro-aktiv" (Leben im neuen Menschen (selbstbestimmt)) und „Re-aktiv" (Leben im alten Menschen (auf einen Reiz reagierend)).

du fühlst, wie du denkst – du denkst, wie du fühlst

Wenn du „Pro-aktiv" lebst, handelst du bedingungslos. Die Frucht des Geistes trägt neun Werte in sich. Jesus, der diese Werte (Liebe, Freude, Friede, Geduld usw.) verkörpert, lebt in dir. Durch ihn ist diese Frucht in dir. Du darfst dich entscheiden, liebevoll, gütig, geduldig, freundlich zu „sein" usw.. Du bist somit in der Lage, diese Eigenschaften auszuleben. „Pro-aktive" Menschen leben werte- orientiert.

Wenn du jedoch „Re-aktiv" lebst, willst du „haben", denn du koppelst dich nicht an den Wert, sondern an den Mangel (toxische Emotionen). Das Problem ist, dass negative Gefühle kommen und bleiben, wenn du es zulässt. Du willst Liebe, Freude, Geduld „haben" usw.. „Re-aktive" Menschen leben gefühlsorientiert.

Verstehe dabei: Haben ist nicht Sein

Du wirst unglücklich, wenn du vergisst, welchen Reichtum (Frucht des Geistes) du in dir hast. Es ist alles in dir, um glücklich sein zu können und es zu bleiben!

Merke:

Menschen, die „Pro-aktiv" leben, leben werteorientiert. Sie **sind** glücklich, **sind** geduldig, **sind** liebevoll usw.. Es gehört zu ihrer DNA, zu ihrem Sein. Menschen die „Re-aktiv" leben, sind gefühlsgesteuert und wollen Glück **haben**, Geduld **haben**, Liebe **haben** usw.. Und schon sind wir wieder bei der Selbstverantwortung angekommen.

„Was ist Freude, und wann ist man froh? Wenn man sich selbst in Wahrheit gegenwärtig ist. Dass man ist, heute ist, das ist Freude."
Søren Aabye Kierkegaard
Theologe & Philosoph

Fehler? – Schon klar, ein Unikat ist nicht makellos, aber einzigartig

Gedenkt nicht mehr an das Frühere und achtet nicht auf das Vergangene! Siehe, ich wirke Neues, jetzt sprosst es hervor; solltet ihr es nicht wissen? Ich will einen Weg in der Wüste bereiten und Ströme in der Einöde. Jesaja 43,18+19

Der Umgang mit Fehlern ist gar nicht so schwer. Es braucht nur eine andere Sichtweise für die Dinge des Lebens. Erhält der Mensch zum Beispiel verachtende Blicke für seine Fehler, vermitteln sie ihm das Gefühl, nicht zu genügen. Dies kann dazu führen, dass er sich bezüglich seiner Identität als abgewertet versteht. Es ist hilfreich, sich bei Fehlern grundsätzlich folgendes vor Augen zu führen.

Das Verhalten und die Motive des Menschen können ethisch, moralisch und gesetzlich fehlerhaft sein.

Ebenso können menschliche Fähigkeiten und Begabungen fehlerhaft sein. Jedoch bleibt der Wert des menschlichen Seins unantastbar in der Liebe Gottes verborgen.

Und Gott sprach: Lasst uns Menschen machen nach unserm Bild, uns ähnlich; die sollen herrschen über die Fische im Meer und über die Vögel des Himmels und über das Vieh und über die ganze Erde, auch über alles Gewürm, das auf der Erde kriecht! Und Gott schuf den Menschen in seinem Bild, im Bild Gottes schuf er ihn; als Mann und Frau schuf er sie. 1. Mose 1,26+27

Es fällt auf, dass Gott zu sich selbst sprach: „Lasst uns Menschen machen nach unserm Bild, uns ähnlich". Gott erschuf sich ein Gegenüber im Menschen. Weil die Liebe sich danach sehnte, zu lieben. Gott liebt den Menschen, unabhängig davon, wie schlecht sich der Mensch verhält oder über sich denkt. Dabei fordert Gott die Liebe des Menschen nicht zurück.

Denn Gott kann und wird die Liebe nicht erzwingen, sonst wäre es keine Liebe mehr. Die Liebe Gottes beruht immer auf Freiheit. Dass heisst, wenn Gott vollkommene Liebe ist, muss er dem Menschen die Möglichkeit geben, sich für oder gegen die Liebe sowie für oder gegen das Gute zu entscheiden. Liebe ist also erst dann vollkommen, wenn sie auf Gegenseitigkeit beruht.

Hier drei Fragen zum Umgang mit Fehlern:

- **Frage 1**: Wie gehst du damit um, wenn du einen Fehler gemacht hast?

- **Frage 2**: Was macht Kritik mit dir?

- **Frage 3**: Was für eine Emotion zeigt sich und weshalb?

Die Vergangenheit zeigt dir deine Fehler und du erntest Kritik für Dinge, die du in der Vergangenheit getan oder eben nicht getan hast. Daran kannst du nichts mehr ändern. Du kannst jedoch in Selbstverantwortung vergangene Fehler akzeptieren und dich jederzeit dazu stellen. Denke daran, ein Unikat ist nicht makellos aber einzigartig.

Drei Schritte wie du lernst, mit Fehlern umzugehen:

- **Schritt 1**: Erkenne den Fehler an und akzeptiere ihn. Dann lasse ihn los. Und zwar sofort! Kein Grübeln, kein Verurteilen, kein Jammern mehr. Es ist gelaufen, du hast keinen Einfluss mehr darauf. Konzentriere dich auf das Jetzt. Es kostet dich enorm viel Zeit, planlos über vergangene Fehler zu grübeln und füllt dich mit toxischen Emotionen.
- **Schritt 2**: Reflektiere dich fokussiert. Was lehrt dich dieser Fehler konkret? Sei dankbar dafür, dass du den Fehler erkennen durftest. Bete ein kurzes Dankesgebet.

- **Schritt 3**: Ziehe die Konsequenz daraus mit der Frage, was du das nächste Mal besser machen kannst.

Wiedergutmachung:

Frage dich: Welchen Schaden habe ich mit meinem Fehler verursacht? Wie kann ich den Fehler wieder-gutmachen und Verantwortung dafür übernehmen. Wie konkret sieht die Wiedergutmachung aus?

Drei Schritte wie du lernst, mit Kritik umzu-gehen:

- **Schritt 1**: Du gibst immer dein Bestes in Anbetracht deines jetzigen Wissens, deiner Wahrnehmung und Fähigkeiten. Gibst du nicht mehr dein Bestes? Dann frage dich, ob du eine Veränderung brauchst? Was ist passiert, dass du nicht mehr dein Bestes geben willst?
- **Schritt 2**: Nimm Kritik an. Die Kritik ist von einer anderen Person. Diese Person hat ein anderes Wissen, eine andere Wahrnehmung und andere Fähigkeiten. Nutze die Sichtweise der anderen Person für dich und nimm die Kritik an. Sie macht dich, wenn du es zulässt, weiter in deinem Herzen.

- **Schritt 3:** Vertraue dir selbst und deinen Fähig-keiten. Keine Kritik darfst du dir so zu Herzen nehmen, dass dein Vertrauen in dich selbst ein-knickt. Niemals. Wenn du den Fähigkeiten in dir nicht vertraust, wird es auch kein anderer Mensch tun. Gott vertraut dir seine Liebe an. Wie groß muss sein Vertrauen in dich sein.

> *Ich preise dich darüber, dass ich auf eine erstaunliche, ausgezeichnete Weise ge-macht bin. Wunderbar sind deine Werke, und meine Seele erkennt es sehr wohl.*
> *Psalm 139,14*

Jetzt gehen wir noch zwei Stockwerke tiefer. Hier zwei Fragen dazu:

- Wie siehst du dich selbst? (Einen Satz als Antwort)

- Wie denkst du über dich selbst? (Einen Satz als Antwort)

du fühlst, wie du denkst – du denkst, wie du fühlst

Die gleichen Fragen mit erhöhtem Schwierigkeitsgrad:

- Wie siehst du dich selbst, wenn du einen Fehler gemacht hast? (Einen Satz als Antwort)

- Wie denkst du über dich, wenn du zu Recht kritisiert wirst? (Einen Satz als Antwort)

Merke:

Dein Selbstwert soll bei Kritik oder Fehlern unangefochten bleiben. Vergleiche deine vier Antworten und frage dich, ob dein Selbstwert gleich geblieben ist.

Hier sind meine drei besten Tipps, wie du das Selbstbild stärkst:

Nur das, was sich der Mensch eingesteht, kann verändert werden. Die Veränderung beginnt beim Menschen selbst. Ein motivierendes Erlebnis oder eine motivierende Rede können ihn kurzzeitig in die Gänge bringen, jedoch verändern wird es ihn nicht. Gewohnheiten hingegen können den Menschen prägen und verändern. Welche negativen Gewohnheiten fallen dir in deinem Leben auf und welche davon möchtest du streichen? Ich denke du weißt, dass du das wirst, was du tust. Stimmt, nicht wahr? So können dich schlechte Gewohnheiten weit wegbringen von deiner Identität in Gott.

PRAXIS TIPP 1:

Gewohnheiten – Ersetze eine schlechte Gewohnheit mit einer guten.

- Welche schlechte Gewohnheit möchtest du heute streichen?
- Womit möchtest du die Gewohnheit heute ersetzen?

PRAXIS TIPP 2:

Lebe im Jetzt.

Gefühle finden im Jetzt statt. Dein Leben ist jetzt. Du darfst dich jeden Morgen für oder gegen das Leben entscheiden. Wenn du unbewusst immer wieder in die Vergangenheit zurückfällst, blockierst du dich selbst. „Wenn dies und das nicht gewesen wäre..." Oder „Hätte ich mich nur anders entschieden..." Oder „Wenn ich nicht solch eine Kindheit gehabt hätte..." Oder „Wenn ich die Möglichkeit bekommen hätte, dann..." usw.. Mit solchen Aussagen entscheidest du dich gegen das

Leben! - Krass, nicht wahr? Deshalb muss heute Schluss damit sein!

Entscheide dich jeden Morgen dafür, im Jetzt zu leben.

- Fühle das Leben, gehe regelmäßig raus in die Natur, bewege dich bewusst und spüre deinen Körper.
- Erzähle jemandem, dem du vertraust, dass du definitiv Ja sagst zum Leben und erkläre dieser Person genau weswegen.
- Schreibe ein persönliches Statement an das Leben. Was erwartest du vom Leben, was möchtest du sehen, erleben und fühlen. Wie konkret würde das aussehen.

PRAXIS TIPP 3:

Du genügst.

Merke dir bitte diese zwei Worte. Schreibe sie dir auf einen Zettel und klebe sie an den Kühlschrank, den Spiegel, auf die Stirn, wo auch immer. Hauptsache du vergisst sie nicht. Bei allen Aufgaben, die das Leben dir geben wird, wirst du genügen. Immer und zu jeder Zeit!

- Präge dir diese zwei Worte ein „Ich genüge!"
- Schreibe sie auf einen Zettel und klebe sie überall hin, bis du es selbst glaubst. Wir haben „nichts" außer den Glauben an Jesus Christus. Durch diesen Glauben sind wir in der Lage, neue Maßstäbe zu setzen. Maßstäbe des Geistes.
- Falls dich jemand auf diese Zettel anspricht? Verschenke einen davon. Du weißt ja, der Mensch kämpft damit, sich selbst anzunehmen, seitdem er von Gott getrennt wurde.

Merke:

Alle drei Tipps sind nur möglich, weil Jesus für die falschen Konzepte, Entscheidungen und daraus resultierenden Gewohnheiten mit seinem Leben am Kreuz bezahlt hat. Ob du auf Gottes Liebe reagierst, liegt ganz bei dir. Ob du durch die Vergebung und Erlösung neue Schritte der Freiheit tun wirst, entscheidest du allein.

Entgiftungskur? – Versuche es mal mit Dankbarkeit.

Sagt allezeit Dank für alles dem Gott und Vater im Namen unseres Herrn Jesus Christus! Epheser 5,20

Es gibt da einen Booster für das Leben. Die Königin unter den menschlichen Eigenschaften: **Dankbarkeit!**

Die Dankbarkeit hat keine Erwartungen. Sie ist lediglich Ausdruck der Freude über Empfangenes. Dankbarkeit schielt nicht nach einer Gegenleistung. Das Schöne jedoch ist, dass genau das geschieht. Denn Dankbarkeit steckt an. Eine Kette von wunderbaren Dingen zieht sie nach sich. Oder anders formuliert, Dankbarkeit ist eine Gegenleistung in Form von positiven Emotionen und Rückmeldungen. Dankbarkeit hat eine sogenannte Sickerwirkung – wie alle positiven Gefühle übrigens.

Dankbare Menschen blicken optimistischer in die Zukunft. Sie wertschätzen Gesten der Freundlichkeit mit der demütigen Haltung der Dankbarkeit. Dankbar zu sein, anstatt nach Bedürfnisbefriedigung oder schnellem Glück zu streben, baut innere Ressourcen auf. Es zeigt sich zum Beispiel, dass sich Selbstdisziplin besser entwickeln kann. Aber das Beste an der Dankbarkeit ist, dass sie toxische Emotionen wegspült.

Dankbarkeit hebt den Widerstand von toxischen Emotionen in dir auf, aber auch den Widerstand von außen. Sie ist ein Schlüssel zu deinem Herzen, aber auch ein Schlüssel zu den Herzen anderer Menschen.

Eine dankbare Herzenshaltung fördert übrigens deine Gesundheit und stärkt dein Ja zum Leben.

Eine dankbare Haltung einzunehmen und zu leben, setzt Selbstverantwortung voraus. Entscheide dich, Gesten und Freundlichkeiten, die dir widerfahren, anzunehmen und wertzuschätzen und nicht als selbstverständlich zu sehen.

Übung

Das Vier-Minuten Gebet

- **1. Minute**: Formuliere wie dankbar du für Gott und dein Leben bist, denn sie sind Geschenke.
- **2. Minute**: Formuliere wie dankbar du für deine Gegenwartsfamilie/Herkunftsfamilie bist, denn sie sind Geschenke.
- **3. Minute**: Formuliere wie dankbar du für deine Freunde, geistliche Familie usw. bist, denn sie sind Geschenke.
- **4. Minute**: Formuliere wie dankbar du für Menschen bist, denen du heute begegnen wirst, denn sie sind Geschenke.

Wissenswertes:

So förderst du Dankbarkeit in deinem Herzen:

1. Gott danken (zum Beispiel):

- Beim Aufstehen und beim zu Bett gehen.
- Mit Liedern und Gebeten zu festen Zeiten.
- Beim Duschen, in der Natur, beim Autofahren, im Büro, beim Essen usw..

du fühlst, wie du denkst – du denkst, wie du fühlst

- Das vier Minuten Gebet in den Alltag integrieren.

2. Menschen gegenüber dankbar sein (zum Beispiel):

- Wenn Menschen dir Zeit schenken.
- Für Kleinigkeiten.
- Wenn ein Versprechen gehalten wurde.
- Für gezeigten Respekt und Wertschätzung.
- Für ein Taschentuch, Kaugummi usw..
- Für ein Lächeln.
- Ein „Wie geht es dir?" oder ein freundliches „Guten Morgen" formulieren.
- Wenn Du einen Krankenwagen hörst oder siehst, ein Gebet formulieren.

3. Sich selbst gegenüber dankbar sein (zum Beispiel):

- Für den Körper, Charakter, die Fähigkeiten, Talente usw..
- Liebevoll mit dem Körper umgehen und Grenzen respektieren.
- Sich selbst respektieren und lieben.
- Die Zeit sinnvoll nutzen.
- Wichtige Angelegenheiten von dringlichen unterscheiden.
- Die Arbeit mit Leidenschaft machen und zufrieden sein mit dem, was einem anvertraut wurde.
- Sein Bestes geben.

„Deshalb orientiert euch nicht am Verhalten und an den Gewohnheiten dieser Welt, sondern lasst euch von Gott durch Veränderung eurer Denkweise in neue Menschen verwandeln. Dann werdet ihr wissen, was Gott von euch will: Es ist das, was gut ist und ihn freut und seinem Willen vollkommen entspricht."

Römer 12,2

QUELLENVERZEICHNIS

Bibelübersetzungen

Revidierte Elberfelder 2008
Martin Luther 2017
Schlachter 2000
Neues Leben
Hoffnung für alle

Fußnoten

Seite 9
1 - Vgl. „Harvard Heath Publications 2014"
https://www.health.harvard.edu/newsweek/

Seite 13
2 - Vgl. Welt Wissenschaft „Die heimliche Macht des Unbewussten", von Heike Stüvel, veröffentlicht am 23.3.2009

Seite 18
3 - Vgl. „Schnelles Denken, langsames Denken" von Daniel Kahneman, Seite 31–53, veröffentlicht am 10.12.2012

Seite 29
4 - Vgl. „Die Macht der unbewussten Wahrnehmung", von Andreas Kranzmayr, veröffentlicht 11.08.2013

Seite 30
5 - Vgl. „Die 5 Sinnesorgane Haut, Auge, Ohr, Nase und Mund" von Dennis Rudolph, veröffentlicht am 28.12.2017

Seite 43

6 - Vgl. „Logische (Neurologische) Ebenen" nach Robert Dilts. Er selbst bezieht sich bei seinem Modell auf die logischen Ebenen des Lernens und der Veränderung von Gregory Bateson, dem wiederum die Theorie der logischen Typen in der Mathematik von Bertrand Russell vorhergeht. (Auszug aus Die NLP Enzyklopädie/2.0 Struktur/2.7 Zugehörigkeit, Spiritualität, Mission, Vision verfasst von Carsten Gramatke & Bernd A. Lehmann)

Seite 54

7 - Vgl. „Das Leben selbst gestalten. Mut zur Unvollkommenheit", von Theo Schoenaker, RDI-Verlag, Seiten 26-34

Seite 64

8 - Vgl. Wirtschafts Woche „Wie negative Gefühle das Gehirn vernebeln", von Ilona Bürgel veröffentlicht am 12.05.2014

Seite 67

9 - Vgl. „Die Motivation steigern" Übung von Dr. Jan Rauch, www.zhaw.ch - positive _Selbstgespräche

Seite 96

10 - Vgl. „Schnelles Denken, langsames Denken" von Daniel Kahneman, veröffentlicht am 10.12.2012

11 - Vgl. „https://www.dasgehirn.info/grundlagen/anatomie/die-amygdala" von Dr. Brigitte Osterath

12 - Vgl. „https://www.dasgehirn.info/grundlagen/anatomie/der-hippocampus" von Dr. Helmut Wicht

Seite 98

13 - Vgl. „Planet Wissen, Emotionen" von Andrea Wengel, veröffentlicht am 10.12.2020

Seite 117
14 – Vgl. „https://www.dasgehirn.info/denken/emotion/der-schaltkreis-der-angst" von Hanna Drimalla

Seite 141
15 – Vgl. Wikipedia: „Eigenverantwortung"

Seite 145
16 – Vgl. Wikipedia: „Spiegelneuronen"

GLOSSAR

*Amygdala
Teil des limbischen Systems im Gehirn. Zusammen mit
dem Hippocampus regelt diese Hirnregion emotionale
Äußerungen. Vor allem die Entstehung von Angstgefühlen
ist im Mandelkern verankert. In diesem Zusammenhang
wird sie auch durch Schmerzreize aktiviert und spielt eine
wichtige Rolle in der emotionalen Bewertung sensorischer
Reize.

*Bits
Basiseinheiten

*Emotio
Gefühlsebene

*Emotionen
Unter „Emotionen" verstehen Neurowissenschaftler
psychische Prozesse, die durch äußere Reize ausgelöst
werden und eine Handlungsbereitschaft zur Folge haben.
Emotionen entstehen im limbischen System, einem
stammesgeschichtlichen alten Teil des Gehirns.

*Glaubenssatz
Ein Glaubenssatz ist eine Annahme mit einem Gefühl von
Sicherheit. Er enthält die für uns als Wahrheit deklarierten
Gedanken und Lebensregeln, die wir über uns, die anderen
und die Welt als solche anerkennen.

*Hippocampus
Der Hippocampus ist der grösst Teil des Archicortex und
ein Areal im Temporallappen. Er ist zudem ein wichtiger
Teil des limbischen Systems. Funktional ist er an

Gedächtnisprozessen, aber auch an der räumlichen Orientierung beteiligt. Veränderungen in der Struktur des Hippocampus durch Stress werden mit Schmerzchronifizierung in Zusammenhang gebracht. Der Hippocampus spielt auch eine wichtige Rolle bei der Verstärkung von Schmerz durch Angst.

*Hypophyse
Hypophyse ist eine etwa kirschgroße, nur 0.5 g schwere Drüse an der Hirnbasis, die durch Ausschüttung von Hormonen eine zentrale Rolle bei der Steuerung vieler Organfunktionen spielt. Sie ist die wichtigste Regulationsstelle des Hormonhaushaltes und steht mit dem Hypothalamus, einem besonderen Abschnitt im Zwischenhirn funktionell in enger Verbindung,

*Hypothalamus
Der Hypothalamus gilt als das Zentrum des autonomen Nervensystems, er steuert viele motivationale Zustände und kontrolliert vegetative Aspekte wie Hunger, Durst oder Sexualverhalten

*Kränkung
Eine Kränkung, auch Mortifikation, ist die Verletzung eines anderen Menschen in seiner Ehre, seinen Werten, seinen Gefühlen, insbesondere seiner Selbstachtung.

*Makrokosmos
Makrokosmos ist die Welt des riesig Großen.

*Mesokosmos
Mesokosmos ist die Welt zwischen dem Mikro- und Makrokosmos, der direkt wahrnehmbare Bereich des Menschen, die Erde.

*Mikrokosmos
Mikrokosmos ist die Welt des winzig Kleinen.

*Physiologische Aspekte
Zusammenwirken aller physikalischen, chemischen und biochemischen Vorgänge im gesamten Organismus.

*Präfrontalen Cortex
Der vordere Teil des Frontallappens, kurz PFC ist ein wichtiges Integrationszentrum des Cortex (Großhirnrinde). Hier laufen sensorische Informationen zusammen, werden entsprechende Reaktionen entworfen und Emotionen reguliert. Der PFC gilt als Sitz der exekutiven Funktionen (die das eigene Verhalten unter Berücksichtigung der Bedingungen der Umwelt steuern) und des Arbeitsgedächtnisses. Auch spielt er bei der Bewertung Des Schmerzreizes eine entscheidende Rolle.

*Präkognition
Ist die wissenschaftlich nicht nachgewiesene Fähigkeit, ein zukünftiges Ereignis oder einen Sachverhalt wahrzuneh-men oder vorherzusagen.

*Prozess
Über eine gewisse Zeit sich erstreckender Vorgang, bei dem etwas entsteht oder abläuft.

*Ratio
Verstandesebene

*Trauma
Starke psychische Erschütterung, die (im Unterbewusst-sein) noch lange wirksam ist.

CHANGE YOUR MIND MASTERCLASS
ONLINEKURS & WORKBOOK

Mit über 35 Videos und einem Workbook tauchst du für dich in die Welt der Emotionen ein. Damit erhältst du meine besten Skills zum Thema „Erneuertes Denken". Du wirst toxisches Denken erkennen und dich selbst tiefer begreifen, an Stärke zunehmen und dabei deine Bestimmung entdecken. Der Abschluss des Onlinekurses wird ein persönliches 60 minütiges Coaching mit mir sein.

www.barbara-benz.com

du fühlst, wie du denkst – du denkst, wie du fühlst

EINE PROPHETISCHE REISE
ZEICHENKINDER TEIL 1

Dieses Buch zeigt dir auf, was den Glauben, die Hoffnung und die Liebe in deinem Leben absorbiert. Du erfährst, wie kraftvoll diese drei Ressourcen in dir sein können. Entdecke geistliche Geheimnisse durch Geschichten, wie sie nur das Leben schreibt.

ISBN 978-3-9525353-0-1
www.btmedia-shop.ch

du fühlst, wie du denkst – du denkst, wie du fühlst

ZEITPUNKT DER BESTIMMUNG
ZEICHENKINDER TEIL 2

Du bist zum Leben geboren und zum Siegen bestimmt! Alles andere ist eine Lüge. Dieses Buch trainiert deine geistliche Schlag- und Treffsicherheit. Es weckt die Sehnsucht, frei zu sein und zeigt einen Weg aus Bedrückung heraus.

ISBN 978-3-9525353-2-5
www.btmedia-shop.ch

du fühlst, wie du denkst – du denkst, wie du fühlst

SCANNEN & HÖREN

GEDANKENHYGIENE PODCAST
MIT BARBARA BENZ

Der Gedankenhygiene Podcast! Hier erfährst du, wie dich Gedanken und Emotionen unbewusst steuern und wie du das Steuer bewusster in Richtung Zufriedenheit drehst. Mit Gedankencoach Barbara Benz.

www.barbara-benz.com

du fühlst, wie du denkst – du denkst, wie du fühlst